W0233267

Kommunikations-
techniken
(KOM 7)

**7 Techniken
für eine effektive
Kommunikation**

•

**Philipp Radtke
Sabine Stocker
Alexander Bellabarba**

HANSER

Inhaltsverzeichnis

EINLEITUNG

Dieser Pocket Power beschreibt Techniken für eine effektive zwischenmenschliche Kommunikation (KOM7). Die Verständigung nimmt sowohl im beruflich wie auch im privaten Alltag eine überaus wichtige Rolle ein. Führungskräfte sind auf die Kommunikation mit ihren Mitarbeitern angewiesen, ein Kunde kommuniziert mit dem Unternehmen und dieses wiederum mit seinen Lieferanten. An allen Stellen sitzen Menschen, die auf eine effektive Verständigung angewiesen sind.

Insbesondere die Führungsmethode „Total Quality Management" (TQM) verlangt nach einer intensiven Kommunikation auf allen Ebenen des Unternehmens.

Um Ihnen die Kommunikation mit Ihren Mitmenschen zu erleichtern, werden rhetorische Grundlagen erläutert und Tips und Tricks für die besonderen Situationen wie Reden, Präsentationen oder Besprechungen gegeben. Die einzelnen Techniken werden übersichtlich durch die Beantwortung der folgenden drei Fragen erklärt:

    ↳ **Worum geht es ?**

    ↳ **Was bringt es ?**

    ↳ **Wie gehe ich vor ?**

Durch folgende Symbole wird ein selektives Lesen ermöglicht:

    ☞   Unter diesem Symbol werden Tips zur Anwendung des Werkzeuges gegeben.

    ✋   Dieses Symbol markiert Hindernisse, die bei der Umsetzung zu berücksichtigen sind.

☺ Durch dieses Symbol werden Übungen gekenn-
   zeichnet.

+ Unter diesem Aufzählungszeichen werden Vorteile des Werkzeuges aufgeführt.

☑ Mit diesem Aufzählungszeichen werden notwendige Schritte zur Umsetzung in Form einer
   Checkliste zusammengefaßt.

☒ Dieses Zeichen markiert die Aufzählung ent-
   scheidender Aspekte.

TEIL 1:
GRUNDLAGEN DER KOMMUNIKATION

Worum geht es?

Kommunikation umfaßt jegliche Art der zwischenmenschlichen Verständigung. Sie kann durch Sprache erfolgen aber auch durch Zeichen, Signale, Schrift, Bilder und vieles mehr. In diesem Pocket Power wird der Schwerpunkt auf die zwischenmenschliche Kommunikation durch Sprache gelegt.

Kommunikation verbindet uns mit anderen Menschen sowohl beruflich als auch privat. Schon Sokrates behauptete „Sprich, damit ich Dich sehen kann".

Der Kommunikationsexperte Watzlawick prägte eines der bedeutendsten Axiome der Verständigung: „Man kann nicht nicht kommunizieren". Von uns ausgehende verbale und nichtverbale Signale tragen ständig zur Kommunikation mit den Mitmenschen bei.

Was bringt es?

Ohne Kommunikation können wir uns nicht mit anderen Menschen verständigen. Im sogenannten Zeitalter der Information wird die Kommunikation zu einem entscheidenden Wettbewerbsfaktor. Dies beschränkt sich nicht auf den Datenaustausch zwischen Maschinen sondern betrifft auch explizit die zwischenmenschliche Kommunikation.

Kennen wir die verschiedenen Facetten unserer Kommunikationsmöglichkeiten, können wir diese auch gezielt einsetzen. Es fällt leichter, sich exakt und unmißverständlich auszudrücken und vor allem gelingt es dem Kommunikationspartner die übermittelten Informationen schneller und präziser aufzunehmen.

Wie gehe ich vor?

Das Grundprinzip der Kommunikation ist einfach. Zwischen einem Sender und einen Empfänger werden Informationen ausgetauscht. Aufgrund unterschiedlicher Absichten und Erfahrungshorizonten kann es leicht zu Kommunikationsstörungen kommen.

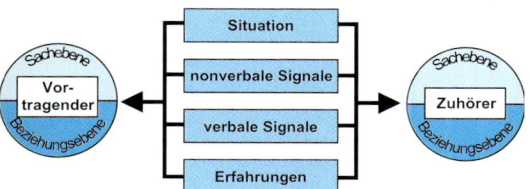

Bild 1: Kommunikationsmodell

Die im Bild 1 dargestellte Kommunikation zwischen zwei Menschen kann nur dann reibungslos funktionieren, wenn folgende grundlegende Aspekte beachtet werden:

☒ Keine Botschaft ohne Reaktion.

☒ Kommunikation ist immer ein Dialog.

☒ Gesagt heißt nicht verstanden.

☒ Mißverständnisse gehen zu Lasten des Senders.

Arten der Kommunikation

Die in diesem Buch vorgestellten Techniken beschränken sich auf die zwischenmenschliche Kommunikation. Der Mensch verständigt sich auf zwei grundlegenden Ebenen:

- ☒ der verbalen Ebene - durch die hörbar gesprochene Sprache.
- ☒ der nonverbalen Ebene - durch sichtbare Sprache (Körper, Zeichen, Symbole).

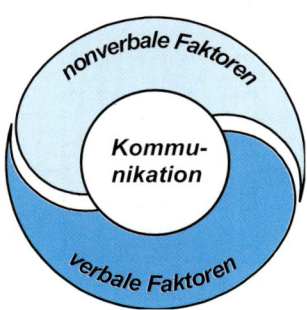

Bild 2: Ebenen der Kommunikation

Wenn es um Verständigung geht, denkt jeder zunächst an die gesprochene Sprache. Dabei ist die nonverbale Mitteilungsform die weitaus ältere. Der Mensch hat sich viele Jahrtausende durch Körpersprache verständigt, bevor er die verbale Kommunikationsform entwickelt hat. Körpersignale sind daher glaubhafter. Es gilt der Grundsatz: „Der Körper lügt nie".

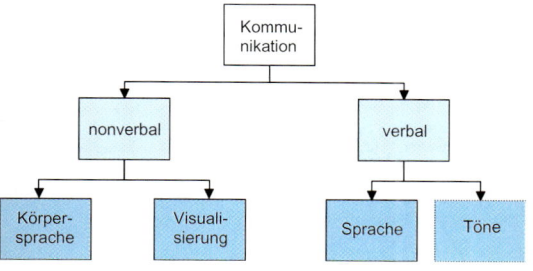

Bild 3: Formen der Kommunikation

Das Bild 3 zeigt die Unterteilung der zwischenmenschlichen Verständigung in verbale und nonverbale Kommunikation mit ihren entsprechenden Ausprägungen.

Die betriebliche Kommunikation wird grundsätzliche eine
vertikale und eine horizontale Komponente unterteilt.
Unter der vertikalen Kommunikation versteht man die
Verständigung der Führungskräfte mit ihren Mitarbeitern.
Die vertikale Kommunikation findet auf allen Ebenen des
Unternehmens statt.

Die horizontale Kommunikation findet jeweils auf einer
Unternehmensebene statt. Dies kann z.B. eine Arbeits-
gruppe sein, aber auch der Kontakt von Vertriebsmitar-
beitern zum Kunden oder das Gespräch zwischen Ein-
käufern und Lieferanten.

Das folgende Bild 4 erläutert das Zusammenspiel von
vertikaler und horizontaler Kommunikation. Wichtig ist
die Abstimmung zwischen vertikalen und horizontalen
Informationsfluß.

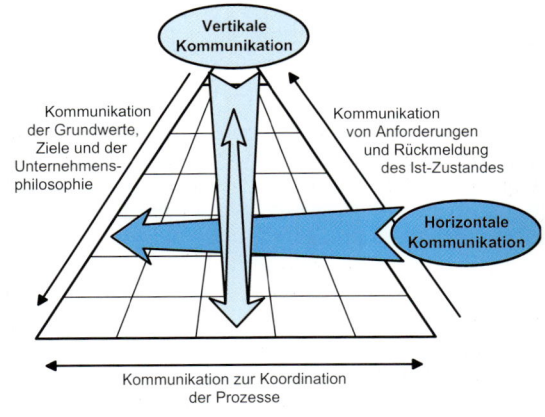

Vertikale
Kommunikation

Kommunikation
der Grundwerte,
Ziele und der
Unternehmens-
philosophie

Kommunikation
von Anforderungen
und Rückmeldung
des Ist-Zustandes

Horizontale
Kommunikation

Kommunikation zur Koordination
der Prozesse

Bild 4: Vertikale und horizontale Kommunikation

Verbale Kommunikation

Atemtechnik

Worum geht es?

Viele Reden beginnen mit bedeutungslosen Füllwörtern, wie z.B. „Hhhhhmmm". Damit ringen die Redner vor Beginn ihrer Rede nach Luft. Dies läßt auf eine falsche Atemtechnik schließen. Reden ist im Grunde genommen tönendes Ausatmen. Dadurch entsteht Sprache.

Der Atem führt dem Körper Sauerstoff zu, der für die Energieerzeugung notwendig ist. Die Atmungsvorgänge können in die drei Phasen Einatmen, Anhalten und Ausatmen eingeteilt werden. Das Einatmen gibt dem Körper Kraft und Vitalität. Die Pause des Anhaltens baut die notwendige Spannung auf, damit beim Ausatmen Sprachsignale gebildet werden können.

Was bringt es?

Die Atmung ist für die Körperhaltung verantwortlich. Sie beeinflußt, ob man gebeugt oder gerade, verkrampft oder locker auftritt (siehe Haltung). Weiterhin sorgt die Atmung dafür, wie man auf andere wirkt: überzeugend und voller Energie oder unsicher und kraftlos. Durch die richtige Atemtechnik wird die Wirkung auf die Zuhörer gestärkt.

Für die verbale Kommunikation ist das richtige Atmen besonders wichtig. Es ist die Voraussetzung für ein effizientes Sprechen. Falsches Atmen verursacht einen unnötigen Kraftaufwand beim Reden.

Darüber hinaus mindert die richtige und bewußte Atmung das Lampenfieber durch seine entspannende Wirkung.

Wie gehe ich vor?

Man unterscheidet vier Atmungsarten, die Brustatmung, die Bauch- und Zwerchfellatmung, die Flankenatmung und die Tiefvollatmung als erstrebenswerte Kombination der drei zuvorgenannten.

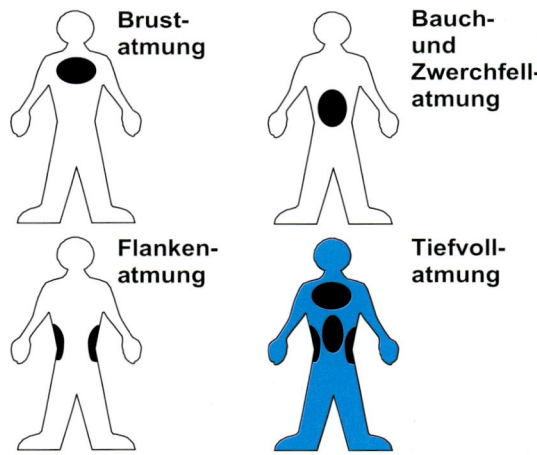

Bild 5: Die vier Atmungsarten

Für das richtige Sprechen ist die Bauch- und Zwerchfellatmung geeignet, da sie tiefes und volles Atmen fördert. Wer die Atemkunst richtig beherrscht, atmet langsamer und intensiver.

Beachten Sie bei der Bauchatmung folgenden Rhythmus:

- ☒ Atmen Sie aus, indem Sie den Bauch einziehen.
- ☒ Machen Sie eine Pause.
- ☒ Atmen Sie ein, indem Sie den Bauch vorwölben.

Möglicherweise kennen Sie das Gefühl, wenn Sie vor Publikum stehen und Ihre Rede beginnen sollen. Alle schauen Sie erwartungsvoll an und warten auf den Beginn des Vortrags, während sich bei Ihnen Angst einstellt und Ihnen der Atem stockt. Ein flacher Atem bedeutet aber auch eine flache Stimme, die leise und kraftlos ist. Jetzt hilft auch kein Räuspern, um den „Frosch im Hals" loszuwerden. Wenn Sie dann nach und nach wieder an Sicherheit gewinnen, wird der Atem tiefer und Ihre Stimme sicherer. Sie fühlen sich besser und signalisieren das auch nach außen.

Bevor Sie Ihren Vortrag beginnen, ist es wichtig, nicht ein-, sondern auszuatmen. Wer dies nicht tut, hat von dem vorigen Atemzug noch zuviel Luft in der Lunge und nicht genügend Platz für die neue Luft. Die Stimme wirkt dadurch gepreßt, kraftlos und hektisch.

Die Angst erzeugt unterschiedliche Körperspannungen. Einmal die Unterspannung, bei der man zusammengesunken vor den Zuhörern steht. Durch eine Überspannung nimmt man eine sehr angespannte Haltung an. In beiden Fällen kann keine Atemenergie fließen. Die Kunst besteht darin, die richtige Körperspannung zu finden. Der Atem leistet dazu einen wichtigen Beitrag, in dem er hilft, die Stimmung und die Körperhaltung zu stärken.

Im nachfolgenden werden einige Übungen beschrieben, die Ihnen helfen sollen, Ihren Atem bewußt einzusetzen.

☺

Entspannungsatmung

- ☑ Stellen Sie sich aufrecht hin.
- ☑ Lassen Sie die Schultern ganz locker fallen, legen Sie die Hände auf den Bauch.
- ☑ Atmen Sie bei geschlossenem Mund langsam durch die Nase ein, der Bauch muß sich dabei möglichst weit vorwölben.
- ☑ Atmen Sie weiter ein, bis auch der Brustraum bis an die Schultern gefüllt zu sein scheint.
- ☑ Halten Sie für kurze Zeit die Luft an und lassen Sie sie dann langsam durch die Nase ausströmen.

☺

Bauchatmung

- ☑ Stellen Sie sich aufrecht hin, und entspannen Sie sich.
- ☑ Legen Sie eine Hand flach auf Ihren Bauch.
- ☑ Lesen Sie einen Textabschnitt laut vor und betonen Sie dabei die Endsilben.
- ☑ Beachten Sie Ihre Bauchbewegungen bei den betonten Wörtern. Dadurch können Sie Ihre Atmung bewußt kontrollieren.

Lungenvolumen

- ☑ Atmen Sie durch den Mund vollständig aus.

- ☑ Versuchen Sie jetzt noch einmal etwas Luft aus Ihren Lungen zu pusten.

- ☑ Waren Sie erfolgreich? Wenn ja, dann atmen Sie nicht bewußt genug aus.

- ☑ Atmen Sie erneut ein und zählen Sie dabei bis 4.

- ☑ Beim Ausatmen zählen Sie bis 9 und wiederholen den Vorgang drei mal.

- ☑ Versuchen Sie nun beim Einatmen bis 7 zu zählen.

- ☑ Beim Ausatmen zählen Sie jetzt bis 15 und wiederholen auch diese Übung drei mal. Dies erfordert einige Übung!

Stimmbildung

Worum geht es?

Die Stimme ist unser Instrument, um Klänge und Worte zu erzeugen. Durch die Stimme kann man Reden lebendig gestalten, Stimmungen schaffen und die Persönlichkeit zum Ausdruck bringen. Viele Menschen kennen ihre Stimme nicht, sie erschrecken, wenn sie ihre Stimme auf einer Kassette oder einem Videofilm hören. Darüber hinaus haben Sie beim Reden oftmals einen trockenen Hals oder werden schnell heiser.

Was bringt es?

Die Stimme ist das wichtigste Instrument für die verbale Kommunikation. Sie bildet Vokale und Konsonanten, aus denen die Sprache zusammengesetzt ist. Mit einigen Übungen können Sie erreichen, daß Vokale und Konsonanten optimal geformt werden. Dadurch können Sie besser verstanden werden.

Wie wichtig die Stimme ist, wird uns meist erst bewußt, wenn Sie versagt. Damit dies bei einem Auftritt nicht geschieht, ist eine Stimmbildung notwendig.

Wie gehe ich vor?

Neben der richtigen Atemtechnik als Voraussetzung für eine gute Sprechtechnik, müssen die folgenden Punkte für eine bewußte Stimmbildung beachtet werden:

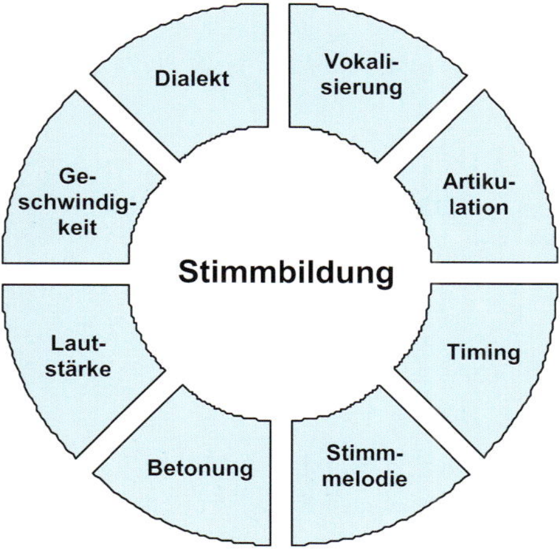

Dialekt

Vokali-sierung

Ge-schwindig-keit

Artiku-lation

Stimmbildung

Laut-stärke

Timing

Betonung

Stimm-melodie

Bild 6: Faktoren der Stimmbildung

Vokalisierung

Die Vokale geben der Stimme den Klang. Voraussetzung dafür ist, daß Hals und Unterkiefer entspannt sind und die Zunge locker im Mund liegt. Die Vokale müssen rausprudeln und dürfen nicht geschluckt werden. Damit die Stimme klingen kann braucht man den Atem. Dieser kann nur fließen, wenn Sie entspannt sind.

Beginnen Sie, den Vokal „u" zu bilden, indem Sie den Mund ganz leicht öffnen. Variieren Sie nach mehr-maligen Wiederholungen mit den Vokalen „o" und „a"

und später mit „e" und „i". Die Stimmbänder müssen sich immer mehr dehnen, um die Vokale bilden zu können.

☞

Eine weitere gute Übung zum Vokalisieren ist die sogenannte Korkenübung: Halten Sie einen Korken zwischen den Zähnen und beginnen Sie, mit dieser Erschwernis einen Text vorzulesen. Nach dieser Übung können Sie leichter vorlesen sowie präziser und artikulierter sprechen.

Artikulation

Während die Vokale für den Klang verantwortlich sind, stehen die Konsonanten für die Präsenz. Wenn jemand schlecht verstanden wird, so liegt das meistens daran, daß er nicht scharf artikuliert. Die Artikulation kann man ebenfalls üben, z.B. durch Schnellsprechübungen und Mundgymnastik.

☺

Einige der hier aufgeführten Schnellsprechübungen kennen Sie bestimmt noch aus Ihrer Kindheit. Sie eignen sich gut zum kontinuierlichen Üben. Sprechen Sie die Sätze mit einem gewissen Tempo klar und deutlich aus. Wenn Sie diese Übungen regelmäßig durchführen, gewinnt Ihre Zunge an Beweglichkeit und Ihre Sprechfähigkeit wird verbessert.

- ☒ In Ulm und um Ulm herum.
- ☒ Fischers Fritz fischt frische Fische.

- ☒ Der Cottbusser Postkutscher putzt den Cott-busser Postkutschkasten.

- ☒ Keine kleinen Kinder können Kirschkerne knacken, keine Kirschkerne können kleine Kinder knacken.

- ☒ Der Zweck hat den Zweck, den Zweck zu bezwecken; wenn der Zweck seinen Zweck nicht bezweckt, hat der Zweck keinen Zweck.

- ☒ Koalition und Kanalisation

Ihre Sprechwerkzeuge können Sie mit einer entsprechenden Mundgymnastik trainieren.

Versuchen Sie, mit einzelnen Konsonanten motorenähnliche Geräusche von sich zu geben. Lassen Sie z.B. den Atem durch die fast geschlossenen Lippen ein „B-b-b-b-b-b" erzeugen. Führen Sie diese Übungen so oft wie möglich durch, z.B. während einer Autofahrt oder auch in der Badewanne. Sie werden merken, wie sich Ihre Sprechfertigkeit verbessert und steigert.

Timing

Für eine klare Aussprache brauchen Sie ein gutes Timing, d.h. der Gedanke soll mit dem abgegebenen Ton übereinstimmen oder anders gesagt: Sie sollen überlegt sprechen. Dies können Sie trainieren, indem Sie beim Einatmen den Satz denken, den Sie gleich beim Ausatmen sagen wollen.

Stimmelodie

Die ideale Stimmlage ist die sogenannte Indifferenzlage. Diese finden Sie am besten heraus, wenn Sie sich bequem hinstellen oder hinsetzen und ein leichtes „hmmmm" vor sich hin summen. Die Indifferenzlage erreichen Sie, wenn der Ton bei mehrmaligen Wiederholungen von selbst immer wieder in der gleichen Höhe erklingt. Aus dieser Tonlage heraus sollten Sie zu sprechen beginnen. Sie können sich darauf einstimmen, wenn Sie auf dem Weg zum Rednerpult ganz leise summen.

Eine Sprachmelodie wird erst aus der Kombination verschiedener Stimmhöhen geschaffen. Dies können Sie üben, indem Sie Sätze singen. Dies klingt zwar etwas albern, ist aber sehr wirkungsvoll. Singen Sie einfach einige Sätze Ihres Vortrags nach einer bekannten Melodie.

Betonung

Durch die Betonung von einzelnen Wörtern und Sätzen geben Sie Ihrer Sprache erst die interessante, ansprechende Note. Vermeiden Sie Monotonie in Ihrer Sprache. Versuchen Sie bewußt wichtige Satzteile durch entsprechende Betonung hervorzuheben. Auch Pausen können wie eine Betonung wirken, da sie die notwendige Spannung aufbauen.

Lesen Sie einen Text als Betonungsübung vor. Markieren Sie sich vorher die wichtigsten Betonungen durch folgende Zeichen:

- Pausen - senkrechter Strich
- Betonungen - Unterstreichungen

- Stimme anheben - Pfeil nach oben
- Stimme senken - Pfeil nach unten

☑ Lesen Sie den Text mit den entsprechenden Betonungen laut vor.

☑ Achten Sie auf ein langsames und artikuliertes Lesen. Versuchen Sie durch Betonungen Ihre Stimme melodisch zu gestalten.

☑ Diese Übung können Sie gut zu zweit durchführen, indem Sie sich gegenseitig vorlesen. Alternativ können Sie die Übung auch auf Tonband aufzeichnen.

Lautstärke

Die Lautstärke der Stimme sollte in Abhängigkeit der Raumgröße gewählt werden. Auch die Anzahl der Zuhörer und die Raumausstattung haben einen Einfluß auf die Akustik im Raum.

Erfahrungsgemäß ist es schwierig, zu Beginn des Vortrags die richtige Lautstärke zu wählen. Fangen Sie daher ruhig etwas lauter an und werden Sie gegebenenfalls mit der Zeit leiser.

Fragen Sie möglichst nicht das Publikum, ob Sie gut verstanden werden. Sie können die Lautstärke am Rückhall Ihrer Stimme oder an der Reaktion des Publikums überprüfen.

Durch Veränderung der Lautstärke kann die Aufmerksamkeit des Publikums gesteigert werden.

Sprechtempo

Die meisten Redner sprechen zu schnell. Undeutlichkeit
und Sprechtempo stehen in einem direkten Zusammen-
hang. Der Grund für zu schnelles Sprechen liegt oftmals
in der eigenen Unsicherheit. Achten Sie darauf, daß Ihre
Zuhörer die übermittelten Informationen aufnehmen können. Sprechen Sie im Zweifel lieber etwas langsamer (siehe Visualisierung).

Die Variation von Lautstärke, Sprechtempo und Stimm-
höhe wird Modulation genannt und sorgt für einen interessanten und abwechslungsreichen Vortrag. Durch Tempo-
änderungen können Sie Spannung erzeugen.

Lesen Sie einen Text laut vor und stoppen Sie die Zeit.
Versuchen Sie beim nochmaligen Lesen diese Zeit zu
überbieten. Hierdurch zwingen Sie sich, langsam und
deutlich zu sprechen.

Dialekt

Viele Personen haben einen mehr oder weniger stark
ausgeprägten Dialekt. Oftmals ist es ihnen daher peinlich,
vor anderen Leuten zu sprechen.

Akzeptieren Sie Ihren Dialekt, weil Sie dadurch die nötige
Sicherheit gewinnen. Wenn Sie sich den Dialekt abgewöh-
nen und versuchen, ein klares Hochdeutsch zu sprechen,
werden die Wörter überdeutlich betont und klingen künst-
lich.

Sollte Ihr Dialekt allerdings so stark sein, daß Zuhörer aus anderen Regionen Sie nicht mehr verstehen können, versuchen Sie langsam und deutlich zu sprechen. Vermeiden Sie grundsätzlich dialektspezifische Wörter, die andere nicht verstehen könnten.

Wenn Sie nicht einen besonders starken Dialekt sprechen und nicht die Gefahr besteht, daß Sie von Ihren Zuhörern nicht verstanden werden, kann die Dialektfärbung Ihnen auch Sympathie einbringen.

Rhetorische Stilmittel

Worum geht es?

Wenn Sie und Ihre Informationen im Gedächtnis Ihres Publikums positiv erhalten bleiben sollen, müssen Sie Ihren Auftritt dramaturgisch inszenieren. Rhetorische Stilmittel, wie Fragen, Pausen oder Wiederholungen helfen Ihnen bei der verbalen Choreographie Ihrer Sprache. Es ist wichtig, daß Ihre Sprache nicht trocken und unmoduliert wirkt.

Was bringt es?

Rhetorische Stilmittel verhelfen Ihrer Rede zu Lebendigkeit und Verständlichkeit. Ihr Auftritt sollte nach der amerikanischen Erfolgsformel „They won't like you if they don't like your show" gestaltet werden. Formulierungen und Kompositionen verschaffen Ihrer Sprache Anmut und Eleganz. Ihre Zuhörer werden es Ihnen durch erhöhte Aufmerksamkeit und Beifall danken.

Wie gehe ich vor?

In Bild 7 finden Sie einige wichtige rhetorische Stilmittel, die Sie zur Auflockerung Ihres Vortrags einsetzen sollten.

Wir-Sätze

Zwischen Ihnen und den Zuhörern besteht grundsätzlich eine gewisse Barriere. Mit Hilfe von Wir-Sätzen bauen Sie Brücken zum Publikum.

Bild 7: Rhetorische Stilmittel

Wie empfinden Sie den Unterschied der beiden folgenden Sätze:

„Ich erkläre Ihnen diese Aussage jetzt an einem Beispiel".

„Betrachten wir dazu ein Beispiel".

Darüber hinaus kann durch Wir-Sätze der belehrende Charakter von Reden abgeschwächt werden.

> Übertreiben Sie es nicht mit dem „wir". Ihre eigene Meinung sollten Sie weiterhin im Singular äußern.

Fragen

In Vorträgen können verschiedene Arten von Fragen verwendet werden. Dabei spielen die rhetorischen Fragen eine besondere Rolle.

In einer rhetorischen Frage formulieren Sie einen Gedanken, ohne daß er vom Publikum beantwortet werden soll. Mit solchen Fragen erhalten Sie die Möglichkeit, den Redefluß geschickt zu unterbrechen und das Interesse der Zuhörer zu wecken. Beachten Sie den Unterschied:

„Aus dieser Aussage ist folgender Schluß zu ziehen ..."

„Was lernen wir daraus?"

(Beachten Sie bei dem zweiten Beispiel die Verbindung mit dem Wir-Satz)

Bei der Formulierung von rhetorischen Fragen sollten Sie möglichst offene Fragen wählen, also solche auf die nicht mit „Ja" oder „Nein" geantwortet werden kann. Ansonsten könnte Sie das Publikum durch einen einfachen Zwischenruf wie „Ja" oder „Nein" schnell aus dem Konzept bringen.

Achten Sie darauf, daß bei Fragen wie z.B. „Was meinen Sie dazu?" keine ungewollte Diskussion im Publikum entsteht.

Die Überleitung zu einem neuen Gliederungspunkt kann durch eine rhetorische Frage gestaltet werden: „Soweit die möglichen Alternativen. Welche sollten wir nun auswählen?".

Oftmals ist es reizvoll, die Zuhörer direkt in die Ausführungen mit einzubeziehen. Durchbrechen Sie die reine Vortragssituation mit Fragen, wie z.B. „Wer hat denn von Ihnen schon Erfahrungen mit ...?". Schauen Sie dabei ruhig einzelne Personen an. Lassen Sie das Publikum merken, daß es aktiv mitdenken und mitarbeiten muß.

> Als Moderator von Kleingruppen sollten Sie immer versuchen, eine Antwort von Ihren Zuhörern zu erhalten, da alle Ergebnisse von der Gruppe erarbeitet werden sollen.

Kurze Sätze

Geschriebene und gesprochene Sprache unterscheiden sich. Bei einem ausformulierten Fachbeitrag können komplexe Sätze angebracht sein - in einem Vortrag sind sie jedoch generell fehl am Platz. Alle Gedanken müssen vom Zuhörer im Moment der Aussprache verstanden werden können. Da man im Gegensatz zum Text bei einer Rede nicht nachlesen kann, sind kurze und verständliche Sätze unerläßlich.

> Hauptsätze, Hauptsätze, Hauptsätze. Vermeiden Sie längere Einschübe oder Schachtelsätze.

FDK-Übung

☑ Überprüfen Sie die Länge Ihrer Sätze durch folgenden Index (Fasse-Dich-Kurz-Index = FDK-Index).

$$\frac{(\text{Zahl der Wörter mit mehr als 2 Silben x 10})}{\text{Zahl der Sätze}}$$

Der FDK-Index Ihrer Rede sollte zwischen 15 und 25 liegen.

☑ Eine weitere Methode zur Bewertung der Satzlänge zählt die Anzahl der Wörter pro Satz. Der vertretbare Bereich liegt hier zwischen 10-20 Wörtern pro Satz. Der Durchschnitt in diesem Pocket Power liegt aufgrund der teilweise nur stichpunktartigen Checklisten bei durchschnittlich 13 Wörtern pro Satz.

Schlichte Sprache

Viele Redner möchten ihre Kompetenz durch umständliche Formulierungen unter Beweis stellen. Dabei ist die Schlichtheit der Sprache nicht mit Banalität oder Plattheit zu verwechseln. Es gilt der Ausspruch von Heinrich Tessenow: „Das Einfache ist nicht immer das Beste, aber das Beste ist immer einfach".

Folgende Punkte sind zu beachten:

☒ Unter Fachleuten ist die Verwendung von Fachausdrücken notwendig und richtig. Vor Laien sollten Fachausdrücke jedoch möglichst vermieden oder mindestens erläutert werden.

☒ Fremdwörter sollten nur dort benutzt werden, wo es kein besseres deutsches Synonym gibt. Grundsätzlich sollte mit Fremdwörtern sparsam umgegangen werden. Sie sind erlaubt, wenn der

Redner davon ausgehen kann, daß alle Zuhörer den Sinn des Fremdwortes verstehen können und sie im Sprachgebrauch eingebürgert sind (z.B. Total Quality Management (TQM)).

☒ Modewörter haben in einem guten Vortrag nichts zu suchen. Was heute „mega-in" ist kann morgen schon wieder „total out" sein. Falls Sie dennoch Modewörter einsetzen wollen, verwenden Sie sie bewußt ironisch.

☒ Die häufige Verwendung des Konjunktivs verwässert Ihre Rede und zeigt Unsicherheit. Stehen Sie zu dem, was Sie sagen möchten und treffen Sie eine eindeutige Aussage. So zeigen Sie z.B. mit „Ich würde empfehlen ..." unsicheres Verhalten im Gegensatz zu „Ich empfehle ...".

☒ Machen Sie vom Ausdrucksreichtum der Sprache auch im betrieblichen Alltag Gebrauch. Selbst Sachvorträge müssen nicht blaß und ausdrucksarm sein.

Vergleiche und Beispiele

Durch Vergleiche und Beispiele wird Ihr Vortrag verständlich und abwechslungsreich. Besonders wenn Sie ein theoretisches Thema behandeln ist der Praxisbezug durch Anwendungsbeispiele unerläßlich. Die Zusammenhänge werden dem Publikum durch Beispiele viel schneller verständlich gemacht. Es bietet sich in diesem Fall an, eigene Erfahrungen mit dem Thema zu schildern. Wenn diese nicht vorhanden sind bringen Sie Vergleiche, Bilder oder Anekdoten.

Achten Sie darauf, daß Ihre Vergleiche und Beispiele immer einen unmittelbaren Bezug zum Thema haben und die Zuhörer nicht langweilen bzw. überfordern.

Zahlen sind keine Beispiele, aber Zahlen sollten ihrerseits mit Beispielen anschaulich gemacht werden. So ist die Aussage „Wir haben 450 Personalcomputer in unserer Firma" für die Zuhörer wenig aussagefähig. „Bei uns hat jeder Mitarbeiter seinen eigenen PC" ergibt beim Publikum schon eher eine konkrete Vorstellung.

Pausen

„Keine Macht ist so stark wie die Stille". Spannung wird erst durch Pausen erzeugt. Verwechseln Sie Pausen nicht mit Unterbrechungen. Die Pause ist die bewußt und gezielt eingesetzte Stille, um

- ☒ den Zuhörern eine Chance zu geben, die Informationen aufzunehmen und zu verarbeiten,
- ☒ die Erwartungen zu steigern,
- ☒ Spannung im Saal zu erzeugen und
- ☒ Unaufmerksame wieder einzufangen.

Überlegen Sie sich schon bei der Vorbereitung wo und wann sinnvollerweise Pausen zu setzen sind. Verwenden Sie Pausen sparsam, damit ihre Wirkung nicht vergeudet wird.

Nach längeren Pausen sollten Sie das zuvor Gesagte noch einmal aufgreifen. *„Wir reden hier also von folgenden..."* oder *„Lassen Sie mich noch einmal wiederholen...".*

Zitate

Zitate beleben einen Vortrag und machen ihn abwechslungsreicher. Dabei können Zitate ähnlich wie Vergleiche oder Beispiele die Ausführungen verdeutlichen und die Zuhörer zum Nachdenken anregen. Beim Einsatz von Zitaten sind folgende Regeln zu beachten:

- ☒ Zitate müssen immer passen.
- ☒ Zitate müssen den Vortrag nachhaltig bereichern.
- ☒ Zitate müssen kurz und verständlich sein.
- ☒ Zitate müssen als solche erkenntlich gemacht werden, damit es zu keinen Mißverständnissen kommt.
- ☒ Zitate sollten wiederholt werden, um den Zuhörern die Einprägung des genauen Wortlautes zu ermöglichen.

Durchaus reizvoll ist ein geeignetes Zitat zu Redebeginn und dessen Wiederholung am Schluß. So erkennen die Zuhörer, daß sich der Kreis schließt und verstehen u.U. den Sinn des Zitat nun ganz anders.

Wiederholungen

Nicht nur Zitate sollten wiederholt werden. Wichtige Gedanken und entscheidende Aussagen müssen zum besseren Verständnis zweimal gesagt werden. Dabei muß die Wiederholung nicht wortwörtlich erfolgen.

Durch die ständige Wiederholung eines Schlüsselwortes können Sie wichtige Aussagen hervorheben.

> *„Gewinn ist der Schlüssel zum Erfolg, durch Gewinn werden wir überleben, Gewinn sichert uns Arbeitsplätze und durch Gewinn können wir Dividenden zahlen".*

Provokationen

Spannung kann auch durch scheinbare Widersprüche aufgebaut werden. So z.B.:

> *„Wozu brauchen wir noch Arbeitskräfte? Können nicht unsere Computer die Arbeit viel präziser erledigen? Streichen wir all unsere Lehrstellen! (Pause) Nein, natürlich ist dies nicht der richtige Weg ... ".*

Die Zuhörer werden zunächst ungläubig reagieren. Nach einer kurzen Pause können Sie dann den vermeintlichen Widerspruch auflösen und sich der Aufmerksamkeit Ihrer Zuhörer sicher sein.

Humor

Lachen verbindet den Redner mit dem Publikum. Ein guter Witz wird schnell zum Höhepunkt einer jeden Rede. Leider wird gerade in Fachvorträgen zu wenig Humor verwendet, um die oftmals trockene Materie aufzulockern.

☞

Nicht jedem ist es gegeben, einen witzigen und humorvollen Vortrag zu halten. Erzwingen Sie das Lachen
nicht. Es gelten folgende Grundregeln:

- ☒ Ein Witz muß zum Vortrag passen.

- ☒ Achten Sie darauf, daß Ihre Witze nicht abge-
  droschen oder hämisch klingen.

- ☒ Ein Witz darf niemals verletzend sein.

- ☒ Seien Sie vorsichtig mit spontanen Witzen.

- ☒ Achten Sie auf Geschmack und Angemessenheit.

- ☒ In der Kürze liegt die Würze.

Non-Verbale Kommunikation

Körpersprache

Der Psychologe Albert Mehrabian hat empirisch ermittelt, daß der Inhalt der Rede zu 7% den Erfolg bestimmt. Der Tonfall ist zu 38%, die Körpersprache und das Aussehen sind zu 55% entscheidend. Die Körpersprache ist unser elementarstes Kommunikationsmittel, jedoch schöpfen wir bei weitem nicht alle ihre Möglichkeiten aus.

Die wesentlichen Ausdruckmittel der Körpersprache sind:

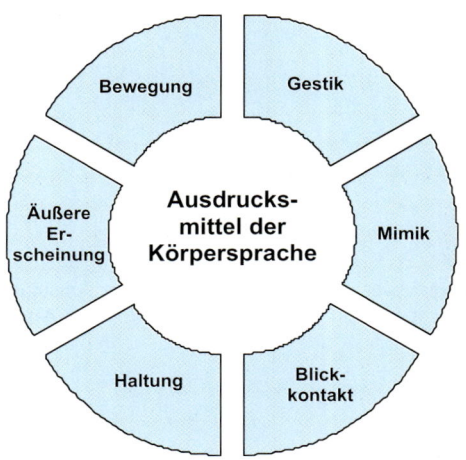

Bild 8: Ausdrucksmittel der Körpersprache

Es ist aber gefährlich, jede Bewegung und jeden Blick zu deuten. Das Wissen über die Bedeutung der Körpersprache darf auch nicht dazu führen, daß man versucht, sich die richtige Körpersprache anzutrainieren. Vielmehr sollte man sich auf die Entwicklung des eigenen Selbstbewußtseins und der eigenen Persönlichkeit konzentrieren, um die Ausstrahlung zu verbessern.

Gestik

Worum geht es?

Gestik entsteht durch die Bewegung unseres Körpers. Sie ist natürlicher Bestandteil eines jeden lebendigen Vortrags. Dabei sind unsere Hände und Arme bei einem Vortrag die wichtigsten Instrumente für eine unterstützende Gestik. Die Hände sind ein sensibles und ausdrucksvolles Werkzeug.

Was bringt es?

Wer auf Gestik verzichtet wirkt steif und verkrampft. Demgegenüber kann der Vortragende die verbalen Aussagen durch eine entsprechende Gestik verstärken und die Rede beleben.

Eine übertriebene Gestik kann jedoch auch unsicher und hektisch wirken und damit Ihre verbalen Aussagen abwerten. Es ist daher von großer Bedeutung, die Sprache durch ruhige und positiv wirkende Gesten zu bereichern. Die Bewegung der Arme und Hände verrät viel über unsere Absichten, Ängste oder Wünsche.

Wie gehe ich vor?

Folgende Tips sollten Sie für eine ausdrucksstarke Gestik beachten:

☞

- ☒ Um durch Gestik überzeugend zu wirken, sollten Sie Ihre Hände langsam bewegen.

- ☒ Durch gezielte und ruhige Gesten können Sie die Aufmerksamkeit des Publikums erlangen und es nach Ihrem Belieben führen. Zuhörer reagieren stark auf die von Ihnen ausgesendeten visuellen Reize.

- ☒ Halten Sie Ihre Hände nicht zu lange unter der Gürtellinie, da dies negativ wirkt. Idealerweise sollten sie sich im Bereich zwischen Brust und Hüfte bewegen (positiver Bereich).

- ☒ Sie können Ihre Hände mit einem Stapel Karteikarten (siehe Stichwortmanuskript) unter Kontrolle halten. Diese dienen hierbei weniger der Bereitstellung von Stichpunkten als vielmehr der Beschäftigung Ihrer Hände.

- ☒ Suchen Sie sich eine Gestikhand und halten Sie die zweite Hand ruhig.

- ☒ Alternativ können Sie auch beide Hände während des Sprechens locker aufeinander legen.

Folgende Gesten sollten Sie unbedingt vermeiden:

Spitzdach

Die Fingerspitzen der beiden Hände liegen aneinander und die Hände bilden ein Dach, wobei sich die Spitze gegen die Zuhörer richtet. Diese Geste gilt als Verteidigungszeichen. Alle Argumente sollen an diesem „Schutzwall" abprallen.

Reiben der Hände

Die Hände werden wie zum Waschen aneinandergerieben. Diese Geste kann als ein Zeichen von Selbstgefälligkeit oder auch als ein Ringen nach Worten gedeutet werden.

Pistolenhaltung

Die Hände sind dabei wie zum Gebet verschränkt, die Zeigefinger stehen wie eine Pistole vor. Dies ist eine Geste der Abwehr. Der Gesprächspartner soll durch Argumente bedroht werden.

Geballte Faust

Die geballte Faust wirkt drohend.

Erhobener Zeigefinger

Der erhobene Zeigefinger wirkt oberlehrerhaft und bevormundend.

Ohrenzupfen, Nasezupfen und Kopfkratzen

Diese Gesten bedeuten Verlegenheit. Man möchte die Situation besser durchdringen und strahlt Nervosität aus.

Drehen in den Haaren

Das Drehen der Haarsträhnen oder des Schnurrbarts zeugt von jemandem, der die Fassung bewahren oder die Situation kontrollieren will.

Verschränken der Arme

Verschränkte Arme signalisieren eine Barriere bzw. Verschlossenheit. Der Redner wirkt für den Zuhörer distanziert und abweisend.

Nesteln

Das Herumzupfen am Jackenrevers, das Zurechtrücken der Krawatte oder des Tuches sowie das Herumspielen an Schmuck oder Uhr signalisiert, daß der Betreffende etwas Lästiges loswerden will.

☞

Darüber hinaus sind folgende Gesichtspunkte zu beachten:

⊠ Seien Sie vorsichtig mit Händen in den Taschen. Beide Hände zu versenken ist tabu. Wenn eine gelöste Atmosphäre besteht, darf eine Hand mal vorübergehend in die Tasche gesteckt werden. Sie drücken damit aus, daß Sie an einem lockeren Gespräch interessiert sind. Übertreiben Sie es nicht!

⊠ Die Hände sollen nicht hinter Ihrem Rücken verschwinden. Sie können sie dann nicht mehr für Ihre Gestik einsetzen und erzeugen eine unnatürliche Körperhaltung.

⊠ Spielen Sie nicht mit Stiften oder Zeigestöcken, da dies Nervosität ausstrahlt. Machen Sie in Ihrem Stichwortmanuskript entsprechende Anmerkungen, die Sie daran erinnern, solche Spielereien zu unterlassen.

☺

Üben Sie Ihre Gestik vor dem Spiegel oder mit der Unterstützung einer Videokamera. Nichts zeigt die eigenen Angewohnheiten anschaulicher als eine Videoaufnahme.

Mimik

Worum geht es?

Der Gesichtsausdruck, die Mimik, spiegelt Gefühle wider und bewirkt beim Gegenüber eine emotionale Reaktion. Die Mimik ist das stärkste und subtilste Ausdrucksmittel der Körpersprache. Sie wird u.a. stark durch die Bewegungen des Mundes geprägt.

Was bringt es?

Im Gesicht spiegeln sich all Ihre Emotionen wider, so z.B. Freude, Ärger, Arroganz, Unmut, Anstrengung, Aufregung, Stolz oder Begeisterung. Gerade negative Botschaften werden viel deutlicher durch Mimik als durch Sprache ausgedrückt. Sie können Ihre Mimik nur sehr schwer „betrügen". An Ihrem Gesichtsausdruck werden geübte Zuhörer Ihre wahren Gedanken erkennen können.

Wie gehe ich vor?

Schon die Haltung Ihres Kopfes zeigt Selbstbewußtsein. Strecken Sie Ihren Hals zu seiner vollen Länge aus. Ihr Kinn sollte sich in der Waagerechten befinden.

> Schauen Sie die Menschen freundlich an. Ein Lächeln schafft eine entspannte Situation und Sie werden ein positives Feedback aus dem Publikum erhalten.

Versuchen Sie auf keinen Fall, Ihre Mimik zu kontrollieren. Verleihen Sie vielmehr mit Ihrer Mimik mit dem Gesagten Ausdruck. Nur so wirken Sie überzeugend auf Ihre Zuhörer! Sie können unmöglich alle Gesichtsmuskeln unter

Kontrolle haben, dazu gibt es zu viele Kombinationen. Irgendwann wird Ihr Gesicht entgleisen.

> Ihre Mimik können Sie am besten vor einem Spiegel trainieren. Halten Sie Ihren Vortrag vor sich selbst und achten Sie dabei auf Ihren Gesichtsausdruck.

Blick

Worum geht es?

Der Blick ist eine der wichtigsten Kontaktbrücken zu den Zuhörern. Damit der Blick als Instrument der Körpersprache bewußt eingesetzt werden kann, dürfen Redner ihre Augen nicht auf dem Manuskript ruhen lassen.

Was bringt es?

Achten Sie auf die Mimik Ihres Publikums! Hierdurch können Sie beobachten, wie das Gesagte von den Zuhörern aufgenommen wird. Er erfährt durch die Reaktionen der Zuhörer, ob er verstanden wird und wie das Gesagte wirkt. Darüber hinaus erhält er Hinweise, ob er schneller oder langsamer, leiser oder lauter sprechen muß.

Ohne Blickkontakt sind auch die überzeugendsten Argumente nur halb so wirkungsvoll. Die Zuhörer fühlen sich durch Blickkontakt direkt angesprochen und sind daher aufmerksamer.

Wie gehe ich vor?

Beginnen Sie nicht zu früh mit dem Sprechen, lassen Sie den Blick erst einmal schweifen und geben Sie den Zuhörern die Gelegenheit, Sie anzuschauen.

Während des Vortrags sollten Sie den Blick schweifen lassen und nicht immer nur eine Person ansehen. Das fällt zum einen auf und zum anderen verunsichern Sie damit auch die fixierte Person. Es kann zwar einerseits bestärkend sein, beim Blick ins Publikum an einer Person hängenzubleiben und die Reaktionen zu sehen, es wird aber dann gefährlich, wenn diese Person plötzlich unaufmerksam wird und beispielsweise aus dem Fenster sieht. Diese Gesten können Sie aus dem Konzept bringen!

Situation 1 (vemeiden)

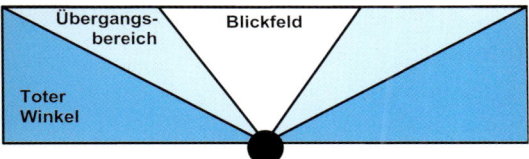

Situation 2 (anstreben)

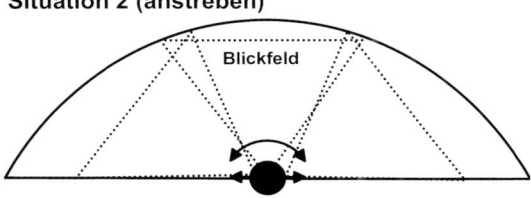

Bild 9: Blickfelder

Bild 9 zeigt zwei Situationen. Achten Sie darauf, daß Ihr Blickfeld nicht zu stark eingeengt ist, wie in der ersten Situation dargestellt. Verändern Sie Ihre Position und damit auch Ihren Blickwinkel, um alle Teilnehmer gleichmäßig anschauen zu können, wie es die zweite Situation zeigt.

Beachten Sie folgende Punkte:

- ☒ Finden Sie ein Mittelmaß, d.h. Sie sollten niemanden anstarren, aber auch nicht zu häufig den Blick wechseln.

- ☒ Bevorzugen Sie wichtige Teilnehmer oder Entscheidungsträger nicht durch zu häufigen Blickkontakt! Das übrige Publikum würde sich zurückgesetzt fühlen.

- ☒ Starren Sie nicht ins Leere oder auf Gegenstände

Haltung

Worum geht es?

Die Körperhaltung spiegelt unseren Gemütszustand wider. Die Haltung muß unseren verbalen Aussagen entsprechen. Sie wird im Wesentlichen durch die Stellung der Füße, die Haltung des Oberkörpers und durch die Stellung der Schultern beeinflußt.

Was bringt es?

Durch festes Auftreten wird Sicherheit demonstriert. Die Haltung kann sowohl Anspannung als auch Lässigkeit ausdrücken. Ein zu angespannter Oberkörper gilt als unsicher und verkrampft. Dagegen kann eine zu lässige Haltung als arrogant aufgefaßt werden.

Wie gehe ich vor?

Beide Beine sollten gleichmäßig belastet werden, die Füße parallel nebeneinander stehen und die Arme gelöst bis in die Fingerspitzen an den Seiten herabhängen. Dies ist die ideale Grundhaltung des Redners.

Durch die aufrechte Haltung des Oberkörpers strahlt der Redner Sicherheit aus. Ein zu häufiges Hin- und Herschwanken des Körpers wirkt nervös und unsicher.

Die Beugung Ihres Oberkörpers entscheidet darüber, ob Sie interessiert oder überheblich wirken. Schon eine geringe Vorbeugung zum Publikum hin signalisiert z.B. bei einer Zwischenfrage Ihr Interesse. Dagegen wirkt ein Zurückbeugen oft belehrend und bevormundend.

Bewegung

Worum geht es?

Durch die Art und Weise, wie sich Ihr Körper im Raum bewegt, senden Sie auch nonverbale Signale aus. Dies geschieht zum einen durch die Distanz, die Sie zu Gesprächspartnern oder Zuhörern wahren und zum andern durch Ihre Bewegung im Raum selbst.

Was bringt es?

Bewegungen sind ein starkes Ausdrucksmittel. In Theater- oder Opernaufführungen werden Standpunkte und Bewegungen im Raum vom Regisseur genau festgelegt, um die entsprechende Wirkung auf das Publikum zu erzielen. Bedenken Sie daher bei der Inszenierung Ihres Auftritts, wo Sie stehen und wie Sie sich von dort aus bewegen.

Wie gehe ich vor?

Suchen Sie sich zunächst einen Stammplatz, eine sogenannte „Parkstellung", von der aus Sie den Vortrag beginnen. Dies kann bei einer Präsentation in der Nähe eines Projektors oder bei einer Moderation neben einer Pinwand sein.

Variationen aus dieser „Parkstellung" ergeben sich während des Vortrags von selbst, z.B. durch die Gestik, die Bewegung des Körpers und durch Schritte.

☞

Beachten Sie folgende Punkte:

- ☒ Vermeiden Sie aber ständiges und übermäßiges Hin- und Hergehen während des Vortrages. Dies verbreitet Unruhe und lenkt Ihre Zuhörer ab.

- ☒ Im Gespräch müssen Sie grundsätzlich auf den Intimbereich achten (entspricht einer Armlänge = ca. 60 cm). Dieser Bereich darf in keiner Situation unterschritten werden.

- ☒ Die Gesprächsdistanz beträgt dagegen den Bereich von 60 cm bis ca. 150 cm. In diesem Bereich sollten Sie sich bewegen, wenn Sie persönlichen Kontakt zu Ihrem Gegenüber aufnehmen wollen.

- ☒ Über 150 cm hinaus befindet sich die Ansprachedistanz. Achten Sie bei einer Kontaktaufnahme auf einen direkten Blickkontakt.

- ☒ Achten Sie darauf, daß zwischen Ihnen und Ihrem Gesprächspartner keine Barrieren wie z.B. Projektor, Taschen oder Bücher bestehen.

Äußere Erscheinung

Worum geht es?

Die äußere Erscheinung bestimmt zu einem wesentlichen Teil den ersten Eindruck, den man auf andere Leute macht. Bei einer Begegnung nimmt man innerhalb kürzester Zeit die Erscheinung und Ausstrahlung der anderen wahr und ordnet sie je nach eigenen Vorlieben und Erfahrungen in eine Kategorie ein, ohne überhaupt etwas über die Persönlichkeit und die Fähigkeiten der Personen zu wissen.

Was bringt es?

Mit der äußeren Erscheinung drücken Sie aus, wie wichtig Sie sich selbst empfinden, und lösen damit bei anderen eine Reaktion aus. Das Äußere muß mit Ihrer Persönlichkeit, Ihrer Position und auch Ihren Zielen in Einklang stehen.

Durch ein Outfit, das die Persönlichkeit zum Ausdruck bringt, fühlen Sie sich gelöster und Ihr Auftreten wird sicherer und freier. Dies zieht wiederum eine erfolgreiche Ausstrahlung und eine positive und unverkrampfte Körpersprache nach sich.

Wie gehe ich vor?

Allgemeine Regeln für die äußere Erscheinung sind schwer zu nennen. Grundsätzlich gilt, daß Sie alles vermeiden sollten, was ablenken könnte, z.B. klirrender Schmuck, grelle Farben sowie wild gemusterte Strümpfe, knallbunte Krawatten, auch wenn Sie noch so witzig aussehen.

☞

Achten Sie auf folgende Aspekte:

- ☒ Denken Sie daran, das Outfit der Situation anzu-
  passen.

- ☒ Dunklere satte Farben signalisieren mehr Auto-
  rität und Seriosität, leuchtende Farben signalisieren Dominanz.

- ☒ Eine geschlossene Anzugjacke wirkt angezogener
  als eine offene, ausgenommen, Sie tragen eine
  Weste.

- ☒ Brillenträger können mit einer schönen Brille
  die Aufmerksamkeit auf sich lenken. Übertreiben
  Sie aber nicht, denn Designerbrillen wirken
  oftmals lächerlich und erzielen nicht den
  gewünschten Effekt.

- ☒ Achten Sie auch auf gepflegte Hände. Sie spielen
  beim Reden eine große Rolle und sollen die Blicke
  anziehen.

Der schwache Punkt liegt bei vielen Menschen an den
Füßen. Wir achten im Spiegel auf korrekte Kleidung
und vergessen dabei oft die passenden Schuhe und
Strümpfe. Gerade wenn Sie als Redner auf einem
erhöhten Podium stehen, werden Ihre Füße besonders
wahrgenommen.

Visualisierung

Worum geht es?

Neben Körpersprache gehören die verschiedenen Mittel der Visualisierung zur nonverbalen Kommunikation.

Zu den Grundlagen der Visualisierung gehören neben den Gestaltungsregeln für Text, die Grafikerstellung sowie der Einsatz von Farben und Symbolen. Für alle Themen werden Charakteristika und Einsatzgebiete dargestellt.

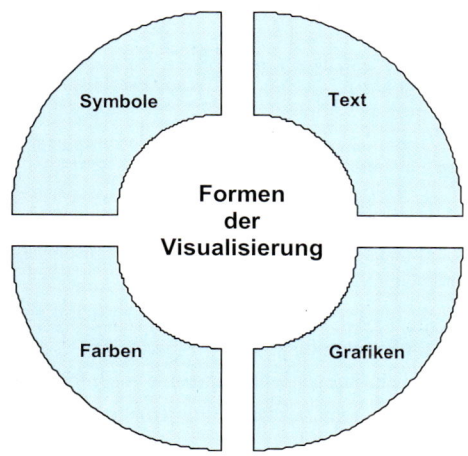

Bild 10: Formen der Visualisierung

Was bringt es?

Da der Mensch ca. 80 % der Informationen über die Augen aufnimmt, ist es ratsam, Informationen parallel zum auditiven Vortragen auch zu visualisieren und damit dem Zuhörer die Aufnahme der Informationen zu erleichtern. Da weiterhin die Gedächtnisleistung bei visuellen Reizen deutlich höher ist als bei auditiven, wird eine kombinierte Darstellung von Bildern und Worten dem Teilnehmer eher in Erinnerung bleiben.

Der Mensch behält:

20% von dem, was er hört

70% von dem, über das er spricht

30% von dem, was er sieht

90% von dem, was er selber tut

Bild 11: Gedächtnisleistung

Darüber hinaus weist die Visualiserung von Informationen folgende weiteren Vorteile auf:

+ weckt Interesse und lenkt die Aufmerksamkeit.

+ erhöht Verständlichkeit.

+ ermöglicht eine schnelle Aufnahme von Informationen.

+ ist bei symbolhafter Darstellung mehrsprachenfähig.

Wie gehe ich vor?

Text

Meist liegen die zu visualisierenden Informationen in Form von Text oder Zahlen vor. Aus diesem Gesamtmaterial gilt es, die entscheidenden Informationen herauszufiltern und in der Grafik zu visualisieren. Die Darstellung aller Informationen ist nur in den seltensten Fällen ratsam. Denken Sie daran, daß die Aufnahmefähigkeit Ihrer Zuhörer begrenzt ist und Ihr Ziel in der Verankerung der wesentlichen Informationen besteht. Für den Text, der in die Grafik aufgenommen wird, gelten folgende Kriterien:

Checkliste Textgestaltung

☑ Möglichst Druckschrift benutzen.

☑ Groß- und Kleinschreibung verwenden.

☑ Serifenfreie Schriften verarbeiten, d.h. Schriften ohne Schnörkel.

☑ Maximal drei Schriftgrößen einsetzen.

☑ Maximal zwei Schrifttypen auswählen und einheitliche Verwendung innerhalb der Präsentation sicherstellen.

☑ Mittels Fett- oder Kursivschrift wichtige Teile hervorheben.

☑ Schriftstärke und Textabstand berücksichtigen.

☑ Leitzeichen verwenden.

☑ Bei Platzproblem lieber engere als kleinere Schrift einsetzen.

Grafiken

Grafiken sollen dazu dienen, dem Betrachter schnell und einprägsam Informationen zu übermitteln. Um dies sicherzustellen, sind die Daten in der richtigen Menge und Form benutzergerecht aufzubereiten. Eine übermäßige Verwendung von Informationen führt beim Betrachter eher zu einer Blockade. Für eine zielgerichtete Visualisierung sollten Sie daher folgendes Vorgehen anwenden:

1. Zielgruppe und Ziel der Grafik definieren.

2. Daten sammeln, nach Bedeutung ordnen und das wesentliche Material auswählen.

3. Form der Aussage festlegen (Handelt es sich bei der Grafik um die Darstellung eines Prozeßablaufs oder liegt z.B. ein Vergleich vor ?).

4. Passende Grafikform auswählen (Bild 12).

5. Grafik erstellen.

6. Aussagekraft überprüfen.

7. Verbesserungen einarbeiten.

Checkliste Grafikgestaltung

☑ Reine Textgrafiken vermeiden.

☑ Grafiken nicht mit Informationen überladen - eine Idee pro Grafik vermitteln.

☑ Im Vorfeld bereits einheitliches Layout festlegen.

☑ Ganze Fläche ausfüllen und Grafik in der Mitte plazieren.

☑ Text stichwortartig einsetzen.

☑ Wirkung von optischen Gestaltungselementen ohne Informationsgehalt (Schatten, Symbole etc.) kritisch überprüfen.

☑ Dreidimensionalität nur einsetzen, wenn dadurch nicht die Aufnahme der Informationen beeinträchtigt wird.

☑ Wählen Sie einige Grund- bzw. Standardsymbole, die Sie immer wieder verwenden. So lassen sich Ihre

Graphiken einfach erstellen, sehen einheitlich aus und sind schneller zu verstehen.

Grafikform	Einsatzgebiet	Anwendung
Punkte	zweidimensionale Abhängigkeiten diskontinuierlicher Werte	+ Achsen eindeutig beschriften + unterschiedliche Formen und Farben für die verschiedenen Gruppen
Linien/ Flächen	Darstellung kontinuierlicher Werte in Abhängigkeit von 2 oder 3 Koordinatenachsen	+ nicht mehr als 4 Kurven und 20 Punkte + unterschiedliche Linienstile und Farben + Flächen für Zeitreihenvergleiche + keine Schraffuren bei Flächen
Kreise/ Torten	anteilige Zusammensetzung eines Gesamtwertes	+ max. 7 Segmente + Segmente sollten sich eindeutig voneinander unterscheiden (Farbe, Größe) + wichtige Segmente absetzen
Balken	Vergleich mehrerer Faktoren in unterschiedlichen Größen in 2 oder 3 Dimensionen	+ max. 7 Säulen + gruppierte, überlappende, gestapelte oder 100% Darstellung wählen
Säulen		+ mehr als 7 Balken möglich + durch zweiseitige X-Achse und paarweiser Anordnung Vergleich von 2 Faktoren leicht
Organigramme/ Flußbilder	Darstellung von Strukturen und Abläufen	+ Organigramme mit spezieller Software + Flußbilder mit Symbolen nach DIN ISO

Bild 12: Grafikformen

Farben

Farben spielen bei der Visualisierung eine wichtige Rolle. Folgende Regeln sollten Sie beim Einsatz von Farbgrafiken beachten:

Checkliste Farbgestaltung

☑ Maximal fünf Farben verwenden und gezielt einsetzen.

☑ Bei gleicher Bedeutung gleiche Farbe benutzen.

☑ Statt Komplementärfarben besser nahe beieinander liegende Farben einsetzen.

☑ Wirkung der Farben berücksichtigen.

☑ Alltagsbezug der Farben bedenken (z.B. Ampel).

☑ Bei Text auf guten Kontrast achten (Schwarz auf Weiß oder Gelb, Weiß auf Dunkelblau etc.).

☑ Ruhige Farben für den Hintergrund verwenden und sparsam mit Verläufen umgehen.

Farbe	Wirkung	mögliche Assoziationen
Blau	kühl, beruhigend, hart	Gebotsschilder, Wasser, Himmel
Grün	frisch, beruhigend	Natur
Rot	warnend, dynamsich	Verbotsschilder, Warnung, Stop
Orange	heiter, warm, beschwingt	Wärme
Gelb	positiv, sonnig	Sonne, Freude, Licht
Schwarz	ausgefüllt, düster	konservative Parteien, Schrift
Weiß	leer, neutral	Arzt, Sauberkeit

Bild 13: Wirkung von Farben

Symbole

Symbole sind bildhafte Darstellungen. Mit ihrer Hilfe können Sachverhalte sprachenunabhängig und verständlich übermittelt werden.

Checkliste Symbole

☑ Symbole zielgerichtet einsetzen. Sie sollen Interesse wecken, das Verständnis erleichtern und dem Betrachter einen schnellen Einstieg in die Grafik ermöglichen.

☑ Dürfen nicht von den eigentlichen Informationen ablenken.

☑ Durchgängige Verwendung.

☑ Alltagsbezug beachten.

Bild 14: Beispiele für Symbole

Mit Problemen richtig umgehen - Schlagfertigkeit und Überlegenheit

Lampenfieber

Worum geht es?

Lampenfieber kann man nicht beschreiben, man muß es erlebt haben! Lampenfieber entsteht durch eine innere Unsicherheit und Nervosität, die zumeist völlig unabhängig vom tatsächlichen Können ist.

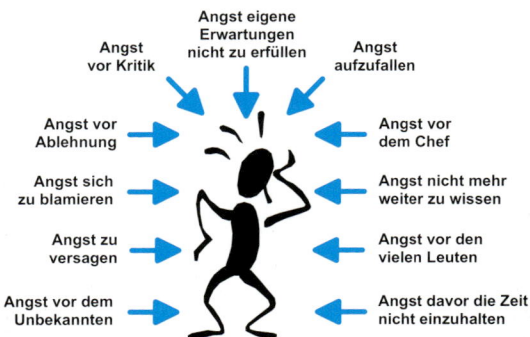

Bild 15: Entstehung von Lampenfieber

Was bewirkt es?

Neun von zehn Rednern leiden unter Lampenfieber, meist auch noch nach jahrelanger Erfahrung. Sie sind also nicht alleine mit Ihrem Problem!

Die Angst von Menschen vor einer Gruppe zu sprechen ist besonders ausgeprägt. Nach einer Studie der Firma

3M ist sie stärker als die übrigen in Bild 16 aufgeführten Ängste.

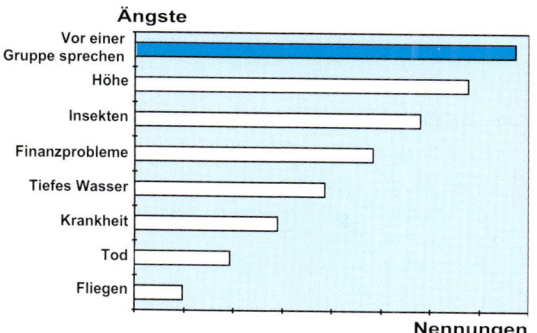

Ängste

Vor einer Gruppe sprechen	
Höhe	
Insekten	
Finanzprobleme	
Tiefes Wasser	
Krankheit	
Tod	
Fliegen	

Nennungen

Bild 16: Verschiedene Ängste

Rein biologisch entsteht Lampenfieber durch die Ausschüttung des Streßhormons Adrenalin in die Blutbahn. Dieses Hormon kann Sie sowohl zu Höchstleistungen als auch zum Blackout führen. Wichtig ist, den gesunden Mittelweg zu finden. Bei jedem Auftritt muß das gewisse Kribbeln vorhanden sein, damit sich keine langweilige Routine einschleicht. Sie müssen Ihr Lampenfieber jedoch soweit in den Griff bekommen, daß es Sie nicht am Erfolg hindert.

Wie gehe ich vor?

Es gibt kein Allheilmittel gegen Lampenfieber, aber beachten Sie: Sie sind besser als Sie denken! Durch folgende Maßnahmen können Sie Ihrem Körper helfen, den Adrenalinausstoß zu begrenzen:

- ☒ Bereiten Sie sich rechtzeitig und gründlich auf Ihren Auftritt vor, damit Sie Sicherheit gewinnen.

- ☒ Üben Sie ohne konkreten Anlaß, indem Sie z.B. im Freundeskreis oder bei Besprechungen bewußt das Wort ergreifen. So lernen Sie, vor Gruppen zu sprechen.

- ☒ Üben Sie Ihren Auftritt z.B. vor einem Spiegel oder mit Hilfe von Videoaufzeichnungen.

- ☒ Lernen Sie die ersten fünf Sätze Ihrer Rede auswendig oder schreiben Sie sie auf, und nutzen Sie die Zeit, um Sicherheit zu erlangen. Merke: Das Lampenfieber baut sich meist genauso schnell ab, wie es gekommen ist.

- ☒ Bereiten Sie Ihre Hilfsmittel (Karteikarten, Folien, Manuskripte) sorgfältig vor, und überprüfen Sie die Funktion von Technischen Geräten (Projektor, Dia-apparat etc.).

- ☒ Entspannen Sie sich unmittelbar vor Ihrem Auftritt in einer ruhigen Umgebung (siehe Entspannungs-techniken).

- ☒ Sprechen Sie am Anfang betont langsam.

- ☒ Sollte Ihr Zittern übermächtig sein, drücken Sie Ihre Handflächen zusammen. Dies bekämpft das Zittern, mindert den Adrenalinfluß und stärkt Ihre Stimme.

- ☒ Die richtige Atemtechnik hilft durch ihre entspannende Wirkung, das Lampenfieber zu bekämpfen (siehe Atemtechnik).

- ☒ Sorgen Sie für körperliche und geistige Fitness.

- ☒ Adrenalin kann durch Bewegung abgebaut werden. Parken Sie z.B. Ihr Auto weiter entfernt und gehen Sie eine Weile zu Fuß bzw. steigen Sie Treppen.

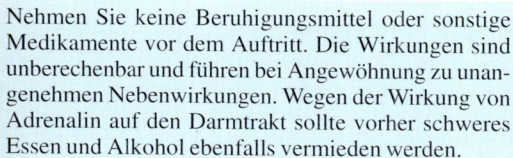

Hilft alles nicht, dann seien Sie aufrichtig gegenüber dem Publikum. Sagen Sie ruhig offen: „Dies ist meine erste Rede, daher bin ich ganz schön aufgeregt. Hoffentlich helfen Sie mir, diesen Vortrag mit Bravour zu überstehen!".

Nehmen Sie keine Beruhigungsmittel oder sonstige Medikamente vor dem Auftritt. Die Wirkungen sind unberechenbar und führen bei Angewöhnung zu unangenehmen Nebenwirkungen. Wegen der Wirkung von Adrenalin auf den Darmtrakt sollte vorher schweres Essen und Alkohol ebenfalls vermieden werden.

Blackouts und Stimmversagen

Worum geht es?

Die Gefahr steckenzubleiben oder vollständig auszusetzen gehört zu den Hauptängsten eines Redners. Dahinter steckt der Gedanke, daß nichts so peinlich ist, als plötzlich überhaupt nicht mehr weiter zu wissen.

Was bringt es?

Blackouts und Stimmversagen sind die unangenehmsten Auswirkungen eines zu starken Lampenfiebers. Passieren kann dies durchaus jedem einmal - auch dem geübten Redner. Selbst von Goethe wird berichtet, daß er während einer Eröffnungsrede zehn Minuten lang einen Aussetzer hatte.

Wie gehe ich vor?

Generell wird bei der Bekämpfung des Lampenfiebers auch die Gefahr von Blackouts und Stimmversagen gemindert. Sollte es dennoch einmal dazu kommen, helfen folgende Tips:

☒ Versuchen Sie nicht krampfhaft, den roten Faden wieder zu finden. Setzen Sie neu an.

☒ Wurde Ihr Aussetzer noch gar nicht bemerkt, so helfen Sie sich weiter mit Aussagen wie z.B.: „Ich möchte noch einmal wiederholen/ betonen", „Wie wir soeben gesehen haben..." oder „Lassen Sie mich noch einmal zusammenfassen".

☒ Häufig hilft es in dieser Situation auch, wenn Sie Fragen an das Publikum richten. Dies gibt Ihnen Zeit, Ihre Vorgehensweise neu zu ordnen.

☒ Erzählen Sie ein kleines Beispiel oder eine kurze Anekdote, die zum Thema paßt.

☒ Hilft alles nicht, dann machen Sie aus Ihrer Schwäche eine Stärke, indem Sie sie offen zugeben, eine kurze Pause machen und neu ansetzen.

☞

Es kann vorkommen, daß Sie während der Rede den „Frosch" nicht aus dem Hals bekommen oder daß Ihr Mund immer trockener wird. In solchen Fällen muß die Speichelproduktion angeregt werden. Diese können Sie gedanklich anregen, indem Sie sich vorstellen, daß Sie in eine saftige Zitrone beißen, oder wenn Sie bei geschlossenem Mund mit der Zunge abwechselnd über das Zahnfleisch des Ober- und des Unterkiefers fahren.

☞

Wenn Sie das Gefühl haben, daß jeden Moment Ihre Stimme versagt, sollten Sie eine kurze Pause machen und ganz bewußt in den Bauch hineinatmen. Sie können diese Pause ja ankündigen, indem Sie sagen, daß Sie diesen Gedanken eben noch zu Ende denken möchten.

Versprecher

Worum geht es?

Versprecher sind etwas ganz Natürliches und kommen beim freien Sprechen immer wieder vor, so z.B. auch bei professionellen Nachrichtensprechern. Dabei werden die meisten Versprecher vom Publikum überhaupt nicht oder zumindest nicht als störend wahrgenommen. In der Regel brauchen Sie sich daher auch nicht zu entschuldigen.

Was bringt es?

Im Gegensatz zu Blackouts und Stimmversagen sind Versprecher in der Regel nicht durch Lampenfieber bedingt. Vielmehr entstehen Sie durch mangelnde Konzentration, falsche Atmung oder ungenügende Artikulation.

Wie gehe ich vor?

Bekämpfen können Sie Versprecher durch Training Ihrer Stimme und Ihrer Atemtechnik (siehe Kapitel verbale Kommunikation). Durch ausreichende Vorbereitung und ein übersichtlich gestaltetes Stichwortmanuskript können Sie Ihre Redesicherheit und Konzentration steigern.

Sind Versprecher einmal passiert und halten Sie eine Korrektur für angebracht, so bemerken Sie einfach: „Ich berichtige..." oder „Ich formuliere noch einmal ...".

Bei unwesentlichen Versprechern wird der Sinnzusammenhang meist ohnehin klar, und sie benötigen deswegen auch keine Korrektur.

Zwischenrufe und Störungen

Worum geht es?

Eine noch so gute Vorbereitung kann Sie nicht vor unerwarteten Zwischenrufen oder Störungen schützen.

Es gibt verschiedene Arten von Zwischenrufen. Zunächst gibt es den sachlichen Zwischenruf, der eine offene Frage oder ein sonstiges Mißverständnis klären möchte. Eine andere Form ist der böswillige Zwischenrufer, der Ihre Rede vorsätzlich stören will. Als letzten Typ können wir noch den humorvollen Zwischenrufer klassifizieren, der sich durch einen Witz profilieren möchte.

Neben Zwischenrufen können die Zuhörer auch durch starke Unruhe oder durch offenes Desinteresse Ihre Rede stören. Schlimmstenfalls verlassen unzufriedene Hörer den Raum.

Auch mit Beifall muß der Redner richtig umgehen, damit keine Verunsicherung beim plötzlichen Applaus eintritt.

Was bewirkt es?

Vor Zwischenrufen oder sonstigen Störungen muß man sich nicht grundsätzlich fürchten. Sicherlich können Störungen unangenehm sein, jedoch können Zwischenrufe auch die ersehnte Rettung bedeuten, wenn man z.B. den roten Faden verloren hat. Bei langatmigen Reden können Unterbrechungen durchaus auflockern und zur allgemeinen Ermunterung beitragen, wenn der Vortragende dieses zu nutzen versteht.

Sachliche Zwischenrufe können sowohl Ihnen als auch den Zuhörern helfen, Mißverständnisse und offene Fragen unmittelbar aus der Welt zu schaffen. In jedem Fall sollten

Sie auf Störungen jeglicher Art ruhig reagieren und sich
nicht emotional reizen lassen.

Wie gehe ich vor?

Zwischenrufe

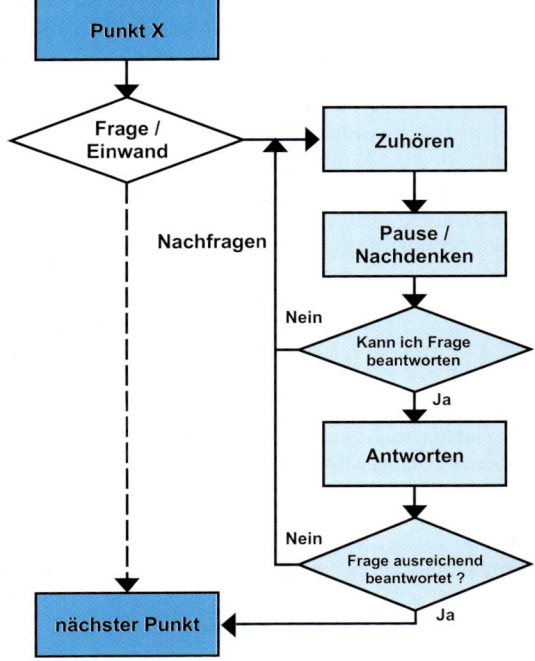

Bild 17: Behandlung von Zwischenrufen

Ihren Vortrag stören zwar grundsätzlich alle Zwischenrufe, wenn Sie jedoch die rhetorischen Absichten Ihres Gegenübers durchschauen, können Sie entsprechend reagieren. Eine generelle Vorgehensweise zur Behandlung von Zwischenrufen und -fragen zeigt Bild 17.

Im folgenden sind die gängigsten Typen von Zwischenrufen und angemessene Reaktionen darauf aufgelistet:

☞ **Der sachliche Zwischenruf:** Nach der Ausführung des Redners unterbricht ein Zuhörer „Könnten Sie dieses noch einmal genauer erläutern?" oder „Könnten Sie diese Aussage noch einmal wiederholen?".

➢ **Die richtige Reaktion:** Wenn möglich, beantworten Sie den sachlichen Zwischenruf kurz und prägnant in wenigen Sätzen. Ist eine umfangreiche Antwort nötig, so verschieben Sie dies auf den Schluß. Dies kann auch nötig sein, wenn Sie auf diesen Punkt ohnehin noch eingehen wollen. Ist die Frage für die Mehrheit der Zuhörer nicht interessant, so vertrösten Sie den Zwischenrufer z.B. mit „Dies würde ich Ihnen gerne in der Pause genauer erläutern".

Falls nötig, können Sie die Frage auch an das Publikum weitergeben. Achten Sie jedoch darauf, daß hierdurch keine langen Diskussionen entstehen.

☞ **Die unsachliche Unterbrechung:** Häufig haben böswillige Zwischenrufer nur die Absicht, Sie aus dem Konzept zu bringen. „Entschuldigen Sie, wenn ich unterbreche, aber ...". Dabei werden keine sachlichen Argumente vorgebracht, sondern nur versucht, Ihre Gedankengänge abzuschneiden.

➢ **Die angemessene Reaktion:** Lassen Sie den Zwischenruf wiederholen. Unsachliche Argumente werden in der Regel nicht noch einmal bei voller Aufmerksamkeit des Publikums wiederholt. In jedem Fall gewinnen Sie Zeit für eine schlagfertige Antwort.
Eine Alternative ist die Antwort: „Gerne, lassen Sie mich nur kurz vorher ausführen ...". Sie gehen zwar zum Schein auf die Unterbrechung ein, reden jedoch unbeirrt weiter.

✏ **Das Ungläubigen-Spiel:** Diese Unterbrechung wird mit Vorliebe von Vorgesetzten oder von ungeliebten Kollegen gespielt, die Ihre Rede oder Ihr Projekt mit allen Mitteln torpedieren wollen. Unerwartet unterbricht Sie der Zwischenrufer mit: „Das kann nun wirklich keiner nachvollziehen", „Ihre Zahlen stimmen doch vorne und hinten nicht" oder „Wie sind Sie denn auf dieses Märchen gekommen".

➢ **Die Passende Entgegnung:** Sie haben grundsätzlich die Wahl, ob Sie sich verteidigen oder zurückziehen wollen. Eine gute Möglichkeit der Verteidigung ist: „Was genau verstehen Sie nicht?", „Ich kann mir gut vorstellen, daß Sie dies nicht sofort nachvollziehen können. Für mich selbst klang es zunächst unglaublich, aber...". Suchen Sie die Konfrontation, so können Sie entgegnen „Wenn Sie sich intensiv mit dieser Materie beschäftigen, werden Sie verstehen, daß ...". Wollen Sie sich dagegen zurückziehen, so sagen Sie z.B.:„Na ja, Sie haben in diesem Punkt ja recht ...".

✏ **Der Themenwechsel:** Störenfriede, die sich mit dem aktuellen Thema nicht auskennen, jedoch trotzdem gerne den Experten spielen, wechseln kurzerhand das

Thema. „Im letzten Quartal waren doch ganz andere Ursachen ...", „Das erinnert mich an ein anderes Problem ..." oder „In meinem Bereich kommt so etwas nie vor, da ...".

➢ **Die schlagfertige Antwort:** „Ein guter Einwand, der leider den Themenrahmen sprengen würde...", „Danke für diesen Beitrag, jedoch soll dies hier nicht vordergründig behandelt werden" oder „Ein interessanter Aspekt, der uns hier jedoch zu weit führen würde".

✍ **Der Witzbold:** Ob zur eigenen Profilierung oder nur, um Sie aus dem Konzept zu bringen, der Zwischenrufer macht eine ironische Bemerkung oder einen Witz.

➢ **Die richtige Entgegnung:** Bei einem guten Witz können Sie mitlachen und vielleicht die Bemerkung aufgreifen. Ansonsten sollten Sie möglichst die Unterbrechung ignorieren. Fällt Ihnen ein entsprechender Gegenwitz ein, so haben Sie das Publikum auf Ihrer Seite. Vorsicht: Machen Sie den Zwischenrufer nicht lächerlich, sondern stehen Sie souverän über den Dingen.

✍ **Das Nonverbal-Spiel:** Unterbrecher, die sich nicht trauen, offen dazwischen zu rufen, versuchen oftmals nonverbal für Verwirrung zu sorgen. Dazu gehört unablässiges Murmeln, heftiges Kopfschütteln oder abfälliges Lachen.

➢ **Die souveräne Reaktion:** „Bitte tragen Sie doch Ihren Einwand für alle verständlich vor", „An dieser Stelle habe ich auf ein Kopfschütteln von Ihnen gewartet, denn ..." oder „Lachen Sie ruhig, ich konnte diese Zahlen zunächst auch nicht glauben, aber ...".

Unruhiges Publikum

Unruhe heißt nicht automatisch, daß Ihr Vortrag schlecht ankommt. Oftmals ist eine Störung von außen Anlaß für die Ablenkung. Können Sie keine objektiven Gründe feststellen (offenes Fenster, Telefongespräch etc.), so versuchen Sie zunächst mit leisem Sprechen die Aufmerksamkeit wieder auf Ihren Vortrag zu lenken.

Sollte dies nicht wirken, können Sie offen nach den Gründen für die Unruhe fragen. Möglicherweise schafft eine kurze Pause Abhilfe. Bleiben Sie in jedem Fall freundlich und zuvorkommend.

Desinteressierte Zuhörer

Bemerken Sie, daß die Zuhörer nacheinander das Interesse an Ihren Ausführungen verlieren, sollten Sie folgendes überprüfen: Ist es eine kleine Minderheit, die unruhig in den Unterlagen blättert, oder ist der Großteil des Publikums unachtsam? Einige werden immer desinteressiert sein, bei einer größeren Gruppe von Unaufmerksamen ist eine Pause angebracht. Oft ist dies auch ein Zeichen, daß Sie nicht mehr in der Zeit liegen. Überspringen Sie einige unwichtigere Gliederungspunkte.

> Der geübte Redner vermag auch durch Witz und Charme wieder die volle Aufmerksamkeit der Zuhörer auf sich lenken. Aber Vorsicht: Gerade bei Anfängern bewirken falsch plazierte Witze häufig das Gegenteil.

Der Raum leert sich

Im schlimmsten Fall zeigen die Zuhörer Ihr Desinteresse durch Verlassen des Raumes. Aber auch hierfür kann es durchaus andere Gründe geben, wie z.B. wichtige Termine, Hunger, Müdigkeit oder andere Bedürfnisse. Lassen Sie sich also nicht sofort beunruhigen. Sollte sich der Saal jedoch zunehmend leeren, so fragen Sie offen nach einer Pause oder einem Ausweichtermin.

Der Umgang mit dem Beifall

Viele Menschen haben ein Problem, mit Applaus richtig umzugehen. Dabei ist der Beifall grundsätzlich als Zustimmung für die Aussagen des Redners anzusehen. Dennoch kann der Vortragende plötzlichen Applaus als eine Störung seiner Gedankengänge ansehen.

Lassen Sie sich von Beifall nie verunsichern, sondern sehen Sie ihn immer als positive Meinungsäußerung des Publikums an. Bei unerwartetem Szenenapplaus sollten Sie eine kurze Pause machen und neu ansetzen. Häufig erkennen Redner ihre eigenen „beifallträchtigen" Sätze nicht und sind daher von der Reaktion des Publikums überrascht. Achten Sie schon bei der Vorbereitung Ihres Auftritts auf das Applaus - Timing. Versetzen Sie sich in die Lage des Publikums und inszenieren Sie Ihre Rede so, daß zur rechten Zeit eine Pause für Beifall eingeplant ist.

Es gibt hin und wieder Fälle, wo Beifall zur mutwilligen Störung des Vortrags genutzt wird. Diese Form der ironischen Zustimmung ist häufig in politischen Auseinandersetzungen zu beobachten. Bei negativem Beifall hilft nur eines: unbeirrt weiterreden.

Der übliche Applaus am Ende eines Vortrages dient Ihren Leistungen als Redner. Diese Würdigung des Publikums sollten Sie bewußt entgegennehmen, indem Sie Blickkontakt bewahren, einen Moment innehalten und sich dann verabschieden. Häufig blickt der ungeübte Redner beim Schlußapplaus ängstlich ins Publikum oder dreht sich verschämt um. Dahinter steckt das Gefühl, daß man es nicht wert ist, gelobt zu werden.

Stärken Sie in diesem Fall Ihr Selbstbewußtsein durch Applausübungen. Nehmen Sie z.B. Beifall auf Tonband auf und spielen Sie ihn ab. Stellen Sie sich vor, das Klatschen gilt Ihrer Rede. Wie fühlen Sie sich?

TEIL 2:
TECHNIKEN DER KOMMUNIKATION

Technik 1: Die Hohe Schule der Rhetorik - Die freie Rede

Worum geht es?

Dreh- und Angelpunkt der rhetorischen Künste ist die freie Rede. Es gilt der Grundsatz: Soll eine Rede gut sein und die Zuhörer begeistern, so muß sie frei gehalten werden. Dabei bedeutet „frei" keinesfalls unstrukturiert oder unvorbereitet. Stichworte und Spickzettel sind erlaubt, jedoch dürfen keine ausformulierten Sätze vorgelesen werden. Dies ist nur zulässig, wenn es auf jedes Wort ankommt, wie z.B. bei offiziellen Erklärungen oder gerichtlichen Urteilsbegründungen.

Man unterscheidet verschiedene Arten der freien Rede, je nach Absicht, Anlaß und Zuhörerkreis. Bild 18 zeigt einen Auszug der möglichen Redearten.

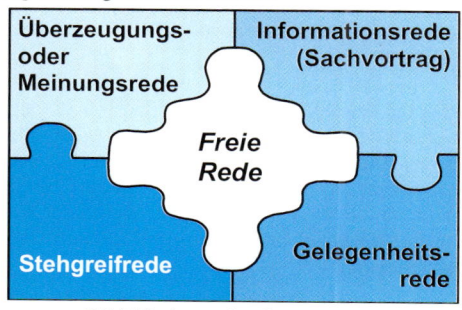

Bild 18: Arten der freien Rede

Was bringt es?

Warum soll man freies Reden lernen? Die freie Rede ist ein wesentliches Mittel zur Kommunikation. Durch eine gute Rede können wir unser Gegenüber von unserer Meinung überzeugen, u.U. begeistern und zum Handeln ermutigen. Im beruflichen Alltag ist die freie Rede für Manager aller Hierarchieebenen von grundlegender Bedeutung. Durch sein Auftreten repräsentiert der Redner die Firma bzw. seine Abteilung nach außen hin. Aber auch bei innerbetrieblichen Sachvorträgen helfen rhetorische Grundkenntnisse im freien Sprechen sowie Kenntnisse bezüglich des richtigen Aufbaus der Rede weiter.

Wie gehe ich vor?

Freie Reden müssen strukturiert vorgetragen werden, um den gewünschten Effekt bei den Zuhörern zu erzeugen. Daher sind einige wesentliche Punkte bei der Vorbereitung der Rede zu beachten. Das generelle Vorgehen sollte sich an das in Bild 19 dargestellte Schema anlehnen. Dazu gehören die vier Phasen Problemanalyse, Strukturierung, Visualisierung und Probe.

Titel

Das Thema der Rede wird dem Redner oft vorgegeben bzw. bestimmt sich aus dem gegebenen Anlaß oder der jeweiligen Situation. Dennoch birgt der Titel der Rede ein hohes Maß an Gestaltungsfreiheit. Es gilt die Grundregel: Der Titel muß Interesse wecken. Dies geschieht vielfach durch die Wahl der Frageform und/ oder provokante Formulierungen.

Bsp.: Sollen wir überhaupt noch in Deutschland investieren?

Ziele definieren
↓
Wünsche und Ziele der Zuhörer analysieren
↓
Inhalte und Dauer festlegen
↓
Gliederung erarbeiten
↓
Daten und Informationen zusammentragen
↓
Datenmenge an Erfordernisse anpassen
↓
Informationen in Muß / Soll / Kann unterteilen
↓
Gliederung überarbeiten
↓
Räumlichkeiten besichtigen
↓
Medien auswählen
↓
Informationen visualisieren
↓
Teilnehmerunterlagen erstellen
↓
Probevortrag durchführen (Inhalte, Zeit)
↓
mögliche Fragen und Probleme klären
↓
Vortrag entsprechend anpassen

Analyse

Strukturierung

Visualisierung

Probe

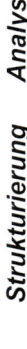

Bild 19: Vorbereitung einer Rede

Anrede

Ein Vortrag beginnt mit der persönlichen Anrede. Neben der Standardformulierung „Meine Damen und Herren" gibt es eine Fülle von Variationsmöglichkeiten, die je nach Situation einen nachhaltigeren Eindruck hinterlassen. So fühlt sich der Zuhörer stärker angesprochen durch Formulierungen wie z.B. „Liebe Mitarbeiter", „Liebe Kollegen" oder „Liebe Mitbürger". Sind Persönlichkeiten anwesend, die Sie gerne hervorheben möchten, so empfiehlt sich die Anrede mit Namen und / oder Titel, z.B. „Sehr geehrter Herr Präsident, liebe Kollegen und Kolleginnen".

Erste Sätze

Die Barriere, die zu Beginn unweigerlich zwischen Redner und Publikum besteht, soll durch die ersten Sätze gebrochen werden. Neben der Anrede sind die nachfolgenden fünf Sätze entscheidend, um den Kontakt zum Publikum herzustellen. Sie können sich diese ersten Sätze im Wortlaut notieren oder sie auswendig lernen (siehe Lampenfieber).

Einleitung

Nach dem gelungenen Einstieg muß das Interesse der Zuhörer für die weiteren Ausführungen geweckt werden. Für Überraschung und Spannung sorgt häufig der Beginn mit einer persönlichen Anekdote. Dabei darf der Zuhörer allerdings nicht mit persönlichen Problemen gelangweilt werden.

Eine andere schon im alten Rom geläufige Einleitung ist das Zuhörerkompliment. Dabei sollte man keineswegs die Gunst des Publikums durch billige Komplimente erhaschen wollen. Akzeptabel sind dagegen Aussprüche wie: „Ich freue mich, daß Sie heute erschienen sind" oder „Durch Ihre Teilnahme beweisen Sie Ihr Engagement in dieser Sache".

Egal wie der Einstieg gewählt wird, die Barriere zum Publikum muß überwunden werden. Dabei wirkt Lachen oft wie eine verbindende Brücke zwischen Redner und Zuhörern. Ein humorvoller Einstieg ist daher anzuraten.

Hauptteil

Der Hauptteil ist das „Filetstück" der gesamten Rede und muß daher klar gegliedert werden. Dies hilft nicht nur dem Redner beim Vortrag, sondern macht die Aussagen für die Zuhörer logisch zusammenhängend und verständlicher. Hinter der sogenannten 5 Punkte-Formel versteckt sich die in der Rhetorik bekannteste Vortragsgliederung:

1. Interesse wecken.
2. Sagen, worum es geht.
3. Begründen und Beispiele bringen.
4. Fazit ziehen.
5. Zum Handeln auffordern.

Das Interesse sollte bereits durch die Einleitung geweckt worden sein. So z.B. „Werden unsere Kinder noch eine gesicherte Rente haben?"

Im zweiten Schritt wird dann das konkrete Problem dargelegt. „Durch die sich ändernde Altersstruktur können die Renten der nächsten Generationen ..."

Die aufgeworfenen Probleme müssen begründet werden. Beispiele können die Lösungsvorschläge verdeutlichen.

„Unsere Rente hat fünf verschiedene Stellhebel. Da ist zunächst das Rentenniveau. Es ist möglich, das Niveau zu ...“

Als Fazit sollte der vom Redner bevorzugte Lösungsvorschlag dargestellt und begründet werden. „Es bleibt uns folglich nichts anderes übrig, als das Rentenalter zu ...“

Wichtig ist das nachfolgende Auffordern zum Handeln. Hier müssen die Zuhörer direkt angesprochen werden. „Ich bitte Sie daher, meinen Vorschlag mit Ihrer Stimme zu unterstützen ...“

Im gesamten Hauptteil ist darauf zu achten, daß die Gliederung den Zuhörern ständig präsent ist. Dies kann sowohl durch visuelle Unterstützung geschehen als auch durch die Formulierung von Zwischenergebnissen.

Schluß

Der Schluß stellt den Höhepunkt des Vortrags dar. Ein guter Vortrag wird durch einen langatmigen Schluß buchstäblich zerredet. Weisen Sie nicht zu früh auf den Abschluß hin , wie z.B. mit „... und nun komme ich zum Schluß“. Sollten Sie dann noch weiterreden, werden die Zuhörer verärgert.

Den Schluß nicht ankündigen sondern Schluß machen.

Am Schluß sollte der Appell zum Handeln stehen, dieser wird u.U. passend durch ein Zitat oder einen optischen Gag unterstützt. Beenden Sie Ihre Rede nie mit einer Entschuldigung.

☞

Sind Sie trotz eines passenden Schlußsatzes nicht
überzeugt, daß das Publikum das Ende Ihrer Rede
bemerkt hat, so fügen Sie ein einfaches „hiermit beende
ich meinen Vortrag" hinzu.

☞

So häufig wie es angewandt wird, so falsch ist es,
aufzuhören mit: „Ich danke für Ihre Aufmerksamkeit".
Damit entwerten Sie Ihre Rede als ein großzügiges Ent-
gegenkommen Ihrer Zuhörer.

Stichwortmanuskript

Auch die freie Rede muß durch ein Stichwortmanuskript
ihren strukturierten Aufbau erhalten.

☞

Hier einige Tips für Ihr Manuskript:

- ☒ Benutzen Sie Karteikarten. Diese sind einfach
  zu sortieren und können farblich unterschieden
  werden. So können wichtige und weniger wichtige Gedanken auf zwei verschiedenfarbigen
  Karten notiert werden. Im Fall von Zeitnot haben Sie die Möglichkeit zu kürzen, ohne die
  wesentlichen Argumente zu unterschlagen.

- ☒ Alternativ können Sie auch Zettel oder einen
  Block benutzen.

- ☒ Beschriften Sie Karten oder Zettel immer nur
  einseitig.

- ☒ Schreiben Sie groß und deutlich lesbar.
- ☒ Numerieren Sie alle Karten oder Blätter fortlaufend.
- ☒ Machen Sie sich eigene Anmerkungen, wie z.B. Pausen oder wann Hilfsmittel eingesetzt werden sollen.

Zeiteinteilung

Achten Sie vor allem darauf, daß Ihre Rede nicht zu lang wird. In der Regel können Zuhörer 45 Minuten aufmerksam Ihren Ausführungen folgen. Danach stellen sich häufig Konzentrationsschwächen ein. Sollten Sie selbst keinen Einfluß auf die Redezeit haben, so machen Sie geeignete Pausen.

Ist die Zeit einmal festgelegt, so dürfen Sie sie nicht überschreiten. Damit beanspruchen Sie sowohl die Zeit der Zuhörer als auch die Zeit der möglichen Nachredner. Damit Sie die vorgegebene Redezeit einhalten können, ist eine permanente Überwachung der Zeit während des Vortrags notwendig. Schon im Stichwortmanuskript sollte hinter jedem Argument die veranschlagte Zeit stehen. So können Sie im Notfall rechtzeitig kürzen und dennoch pünktlich zum Schluß kommen.

Zusammenfassung

Bild 20 zeigt zusammenfassend die zehn wichtigsten Regeln, die bei freien Reden beachtet werden müssen:

1. Optimale Vorbereitung

2. Interesseweckender Einstieg

3. Flexible Gestaltung

4. Hohe Teilnehmerorientierung

5. Klare Strukturierung ("Roter Faden")

6. Situationsgerechte Stimmbildung

7. Interessante Darbietung

8. Überzeugendes Engagement

9. Appellierender Schluß

10. Termingerechte Zeiteinteilung

Bild 20: Die zehn wichtigsten Regeln der freien Rede

☞

Vermeiden Sie folgende beispielhafte „Killer-Phrasen" (In Klammern finden Sie besser passende Ausdrücke):

✎ „Da muß ich Ihnen recht geben."

> ➢ (niemals Zuweisung von Recht und Unrecht - also auch nicht „Das ist vollkommen richtig". Besser: „Da stimme ich Ihnen zu. Vielleicht darf ich noch hinzufügen ...").

✎ „Sie müssen doch zugeben, daß ..."

> ➢ („Stimmen Sie mit mir überein, daß ...?").

✎ „Untersuchungen haben ergeben ..."

➢ (nicht vollständige Literaturangabe, aber genügend Informationen, daß der Zuhörer nicht das Gefühl bekommt, Sie haben sich die Quelle gerade ausgedacht).

✎ „Das geht leider nicht."

➢ („Leider habe ich die Informationen momentan nicht vorliegen, aber ich werde Sie Ihnen nachreichen").

✎ „Damit bin ich am Ende. Vielen Dank."

➢ („Hiermit beende ich meinen Vortrag", siehe Schluß).

✎ „Haben Sie (etwa) noch Fragen" oder „Haben Sie etwas nicht verstanden? Dann fragen Sie jetzt."

➢ („Ich stehe Ihnen jetzt gerne für die Erläuterung noch offener Fragen zur Verfügung.").

Stehgreifrede

Sollten Sie in die Verlegenheit kommen, eine Stehgreifrede halten zu müssen, so kann die oben genannte 5 Punkte-Formel in die TUBA-Formel übertragen werden.

☒ **T**hema: Warum ist man heute zusammengekommen.

☒ **U**m was geht es? Schmücken Sie den Anlaß aus und schildern Sie die Hintergründe.

☒ **B**eispiel: Erzählen Sie eine kleine Anekdote. Wie hat z.B. alles angefangen.

☒ **A**bschluß: Fordern Sie die Zuhörer auf, aktiv zu werden. Fordern Sie z.B. zum Heben des Glases auf.

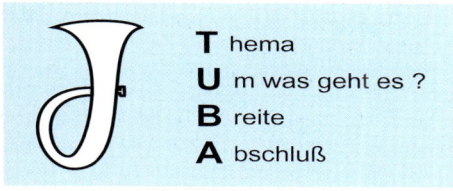

Bild 21: Die TUBA-Formel für Stehgreifreden

Technik 2: Präsentation

Präsentation und Vortrag

Eine Präsentation dient nicht ausschließlich der Weitergabe von Informationen, wie es oftmals Ziel eines Vortrags ist. Vielmehr handelt es sich hier um die Darlegung von Fakten mit dem Ziel, eine Entscheidung bei den Teilnehmern hervorzurufen bzw. entsprechend zu beeinflussen. Es gilt, die Zuhörer von einer Sache zu überzeugen, unabhängig davon, ob es sich hierbei um immaterielle Ideen oder aber um ein materielles Produkt handelt. Sie werden durch die Präsentation zum Verkäufer dieser Sache.

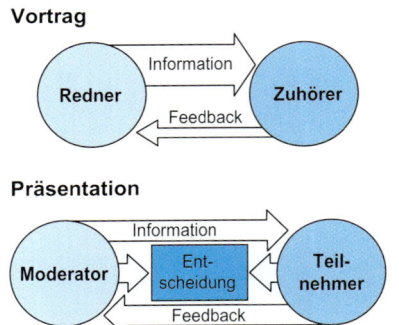

Bild 22: Vortrag und Präsentation

Ihr Ziel steht bei der Präsentation jedoch im Konflikt zu den Erwartungen und Wünschen der Teilnehmer. Sind die Zuhörer bereits überzeugt, dient die Präsentation nur der

Information. In der Regel gilt es jedoch, den Teilnehmern durch eine zielgerichtete und anschauliche Darlegung der vorliegenden Informationen, die Vorteile der angestrebten Entscheidung darzulegen. Den Zuhörer interessiert neben Fakten und Zahlen die sich für ihn ergebenden Vorteile und sein persönlicher Nutzen. Wenn es gelingt, diese Aspekte überzeugend zu präsentieren, wird es Ihnen möglich sein, die angestrebte Entscheidung hervorzurufen.

Die im folgenden beschriebenen Werkzeuge der Präsentationstechnik helfen, diesen Interessenkonflikt zu lösen, die Aufmerksamkeit des Zuhörers zu wecken und eine für beide Seiten zufriedenstellende Entscheidung herbeizuführen. Grundlage sind dabei die in den vorhergehenden Kapiteln beschriebenen verbalen und nonverbalen Aspekte.

Werkzeuge der Präsentationstechnik
Pinwand

Worum geht es ?

Die Pinwand ist eine Stellwand, an der mittels Nadeln Gegenstände befestigt werden können. Durch speziell für die Pinwand entwickelte Techniken ist sie insbesondere für die Steuerung und Dokumentation von Diskussionen und Gruppenarbeit geeignet (siehe Pocket Power Moderationstechniken).

Was bringt es ?

+ Gedanken und Einwände werden übersichtlich dokumentiert.
+ Alle Teilnehmer können aktiv an der Diskussion teilnehmen.
+ Gespräche lassen sich leichter moderieren.
+ Der Prozeß der Entscheidungsfindung bleibt nachvollziehbar.
+ Leichte Änderung der Reihenfolge und Zusammenhänge.

Wie gehe ich vor ?

☑ Beim Einstechen der Nadeln können Sie den Fuß auf die Stützen der Pinwand stellen, damit diese nicht umfällt.

☑ Tragen Sie die Pinwand beim Transport während der Präsentation auf dem Rücken. Sie haben so einen besseren Überblick und behalten die Teilnehmer im Auge.

☑ Sprechen Sie nicht, während Sie an der Pinwand arbeiten, sondern immer nur, wenn Sie sich den Teilnehmern zuwenden.

☑ Die Dokumentation der Ergebnisse erfolgt entweder mittels Fotoapparat oder speziellem Kopierer. Bei fehlenden technischen Voraussetzungen ist die Vergabe eines Auftrages an externe Dienstleister möglich.

☑ Für einen leichteren Transport empfehlen sich klappbare Wände, die allerdings oftmals nur eine eingeschränkte Stabilität aufweisen.

☞

Häufig verwendete Moderationstechniken für die Pinwand:

1. Kartenabfrage zur Sammlung von Informationen:

   ☑ Jeder Teilnehmer schreibt jeweils einen Gedanken mit einem Filzstift auf eine Karte.

   ☑ Karten werden verdeckt eingesammelt.

   ☑ Moderator liest die Karten nacheinander vor und hängt sie nach den Vorschlägen der Teilnehmer nach passenden Gruppen (Cluster) geordnet an die Pinwand.

   ☑ Zuordnung wird überprüft.

   ☑ Karten einer Gruppe werden durch Umrahmung zusammengefaßt und mit einer Überschrift versehen.

2. Punktabfrage zur Bewertung von Informationen:

   ☑ Durch das Anbringen von Klebepunkten bewerten die Teilnehmer die an der Pinwand zur Auswahl stehende Thematiken.

Flipchart

Worum geht es ?

Beim Flipchart handelt es sich um eine Tafel, an der mittels einer Klemmleiste großformatige Blöcke oder Einzelblätter befestigt werden können.

Was bringt es ?

+ Einfache Präsentation vorgefertigter Darstellungen in beliebiger Reihenfolge ohne technische Hilfsmittel.

+ Leichte Handhabung.

+ Verwendung insbesondere zum Notieren von Teilnehmerbeiträgen, Darstellung der Präsentations-Agenda und für kurze Freihandskizzen.

Wie gehe ich vor ?

☑ Üben Sie die erforderliche Druckschrift.

☑ Stellen Sie sicher, daß alle Teilnehmer das Flip-Chart gut erkennen können.

☑ Sprechen Sie, wegen des fehlenden Augenkontakts zu den Teilnehmern nicht, während Sie notieren.

☑ Wichtige Informationen sollten Sie nicht nach hinten wegblättern, sondern für alle Teilnehmer gut sichtbar an der Wand befestigen.

☑ Spezielle Flip-Charts mit eingebautem Drucker ermöglichen eine leichte Dokumentation der Daten.

☑ Verwenden Sie farbige Stifte (max. 3 Farben).

☑ Verwenden Sie für Skizzen oder Grafiken karierte Blätter .

Overhead-Projektor und Folien

Worum geht es ?

Der Overhead- oder Tageslicht-Projektor ist das am häufigsten verwendete Medium bei Präsentationen. Durch eine Anordnung von Spiegeln und einer Lichtquelle wird das auf einer durchsichtigen Folie entworfene Bild auf eine Projektionsfläche gestrahlt.

Was bringt es ?

+ Folien sind leicht vorzubereiten, aufzubewahren und zu vervielfältigen.

+ Projektion kann dem Teilnehmerkreis bzw. der Raumgröße angepaßt werden.

+ Informationsmenge oder Reihenfolge kann beliebig angepaßt oder ergänzt werden.

Wie gehe ich vor ?

☑ Halten Sie eine Ersatzbirne bereit.

☑ Verdecken Sie nicht die Projektion durch Ihren Körper (Projektionsfläche links hinter Ihnen).

☑ Legen Sie ein Zeigeinstrument an die Stelle der Folie, über die Sie gerade referieren (besser als ein Zeigestock an der Leinwand oder ein Finger). Der Fachhandel bietet hier spezielle Instrumente an, z.B. in Form einer Hand mit ausgestrecktem Zeigefinger.

☑ Achten Sie darauf, daß alle Teilnehmer die Projektion gut und verzerrungsfrei erkennen können (Justierfolie verwenden).

☑ Überprüfen Sie jeweils nach dem Auflegen kurz die richtige Lage der Folie. Die ganze Projektionsfläche sollte abgedeckt sein.

☑ Halten Sie Leerfolien und Folienschreiber bereit.

☑ Sprechen Sie nicht beim Folienwechsel.

☑ Schalten Sie das Gerät ab bzw. decken Sie die Folie zu, wenn die projizierten Bilder nicht dem vorgetragenen Text entsprechen.

☑ Bewahren Sie die Folien in Schutzhüllen auf. Dadurch sind sie leichter abzuheften, auf dem Projektor auszurichten (mittels ausfahrbarer Justierstifte) und behalten länger ihre Farbe.

Grundlegende Regeln zur Gestaltung von Overhead-Folien

☑ Querformat bevorzugen (max. 25cm breit, 19cm hoch).

☑ Einheitliches Layout mit Codierung (Seitenzahlen, Namen etc.) in der Fußzeile verwenden.

☑ Einen Gedanken pro Folie vermitteln.

☑ Nicht mehr als 7 Zeilen Text pro Folie und 7 Wörter pro Zeile einsetzen.

☑ Keine Sätze, sondern Kernaussagen formulieren.

☑ Standardschrift sollte größer als 24 Punkte sein.

☑ komplexe Zusammenhänge durch Übereinanderlegen von zwei Folien schrittweise erläutern (Overlay-Technik).

☑ Sollten Ihnen bei der Probepräsentation die Grfaiken zu grell erscheinen, kann durch eine leichte Eintönung des Hintergrundes (z.B. Hellgrau, Pastellfarben) der harte Lichtkontrast gemildert werden.

Dia und Film

Worum geht es ?

Die Präsentation von Informationen mittels einzelner Bilder, wie z.B. Dias, oder hintereinander gereihter Bildsequenzen, wie z.B. Filme oder Videos, stellt hohe Ansprüche an die Herstellung. Bedingt durch die professionelle Gestaltung im Fernsehen ist insbesondere bei Filmen der Anspruch der Zuschauer sehr hoch.

Was bringt es ?

+   Qualität der Grafiken ist sehr hoch.

+   Ermöglicht Wiedergabe realer Sachverhalte.

+   Filme vermitteln auch komplexe Zusammenhänge und erregen leicht die Aufmerksamkeit des Betrachters.

Wie gehe ich vor ?

☑ Erstellung von Grafiken für Dias mit moderner PC-Software möglich.

☑ Bei fehlender technischer Ausstattung oder Kompetenz im eigenen Hause Herstellung an externe Dienstleister vergeben.

☑ Wegen notwendiger Verdunklung diese Medien nur kurzzeitig einsetzen.

☑ Möglichkeit der Verdunklung überprüfen.

☑ Ersatzgerät und Ersatzbirne bereithalten.

☑ Benutzen Sie eine Fernbedingung zur Steuerung der Vorführgeräte. So halten Sie Blickkontakt zu den Teilnehmern.

Computer Präsentation und LC-Display

Worum geht es ?

Mit Hilfe des Computers erstellte Einzelgrafiken können mittels moderner Software zu einer Präsentation verknüpft werden. Die Übergänge zwischen den einzelnen Grafiken, die Darstellungsdauer sowie weiterführende Einstellungen können so softwaregesteuert variiert werden. Während der Präsentation werden die auf einem Computer gespeicherten Bilder unter Verwendung eines Projektors (Beamer) oder LC-Displays auf die Projektionsfläche gestrahlt. Beim LC-Display handelt es sich um einen durchsichtigen Bildschirm mit Flüssigkristall-Anzeige (LC). Wird das Display auf einen lichtstarken Projektor gelegt, kann so das auf dem Bildschirm dargestellte Computerbild projiziert werden.

Was bringt es ?

+   Erweckt Aufmerksamkeit.

+   Einfache Erstellung und hohe Bildqualität.

+   Leichte Archivierung und einfacher Transport.

+   Darstellung bewegter Bilder möglich.

+   Flexible und schnelle Anpassung der Reihenfolge oder Erweiterung der Grafiken möglich.

+   Grafiken können flexibel und schnell ohne zusätzliche Geräte an sich verändernde Rahmenbedingungen angepaßt bzw. erweitert werden.

➢   allerdings großer technischer Aufwand und hohe Investitionen notwendig.

Wie gehe ich vor ?

Computer Präsentation

- ☑ Beachten Sie auch hier die bereits beschriebenen Regeln für die Erstellung von Grafiken und Folien.

- ☑ Gehen Sie sparsam mit den möglichen visuellen Effekten der Software um, da eine übermäßige oder unsystematische Verwendung von der eigentlichen Information ablenken oder den Zuschauer verwirren kann.

- ☑ Verwenden Sie automatische Zeitfestlegungen für die Darstellung bestimmter Bilder wegen möglicher Verzögerungen mit Vorsicht.

- ☑ Drucken Sie sich eine Liste mit der Reihenfolge der dargestellten Bilder aus und nutzen Sie die beliebig einstellbaren Software-Funktionen wie *Hilfe, Querverweis oder Überspringen.*

LC-Display

- ☑ Achten Sie beim Kauf des LC-Displays auf hohe Wiedergabequalität und gute Kühlleistung.

- ☑ Vermeiden Sie Geräte, die auf besonders lichtstarke Overhead-Projektoren angewiesen sind, da diese meistens nicht zur Verfügung stehen und damit zusätzlichen Transportaufwand bedeuten.

- ☑ Durch zusätzliche Videoanschlüsse ist die Projektion von Videofilmen möglich.

Es gibt Anbieter, die Notebooks mit integriertem LC-Display im Programm haben.

Handouts

Worum geht es ?

Handouts sind Unterlagen, die an die Teilnehmer vor, während oder nach der Präsentation ausgeteilt werden.

Was bringt es ?

+ Teilnehmer müssen nicht mitschreiben und können so konzentrierter an der Präsentation teilnehmen.

+ Informationen bleiben den Teilnehmern erhalten.

+ Komplexe oder weiterführende Informationen (Quellenangaben, Zahlenmaterial) können vermittelt werden.

+ Grundlage für spätere Entscheidungen (z.B. Kauf des präsentierten Produkts).

Wie gehe ich vor ?

☑ Kopieren Sie nicht einfach Ihre Folien, aber fügen Sie auch nicht Ihren kompletten Text den Unterlagen bei. Die Informationen sollten kurz und präzise die wesentlichen Informationen der Präsentation anschaulich zusammenfassen. Alle gezeigten Darstellungen sollten sich in den Unterlagen wiederfinden.

☑ Die Gliederung der Unterlagen sollte der Ihrer Präsentation entsprechen.

☑ Verteilen Sie die Unterlagen frühzeitig vor Präsentationsbeginn bzw. kündigen Sie eine spätere Austeilung an.

Kombination mehrerer Werkzeuge

Worum geht es ?

Eine erfolgreiche Präsentation beinhaltet die zielgerichtete Verknüpfung mehrerer Werkzeuge. Dadurch ist es möglich, die Aufmerksamkeit der Teilnehmer über die gesamte Dauer der Veranstaltung zu erhalten.

Was bringt es ?

+ Durch Medienwechsel wird Interesse geweckt.

+ Informationen bleiben länger sichtbar.

+ Komplexe Zusammenhänge lassen sich durch verschiedene Werkzeuge anschaulicher erläutern.

Wie gehe ich vor ?

☑ Lassen Sie Ihre Präsentation nicht zur Show entarten. Schnellen Wechsel zwischen den Medien oder uneinheitlichen Aufbau vermeiden.

☑ Verwenden Sie die Werkzeuge entsprechend ihren Stärken:

　☒ Flipchart für Skizzen und Notizen.

　☒ Pinwand für Gruppenarbeit und Problemlösung.

　☒ Projektor mit Folien oder LC-Display für vorbereitete Grafiken.

　☒ Dia oder Film für komplexe Sachverhalte

☑ Achten Sie auf eine günstige Aufstellung der einzelnen Werkzeuge. Jeder Teilnehmer muß die Informationen gut erkennen können, und die Medien dürfen Ihnen nicht im Weg stehen.

Technik 3:
Gespräche unter vier Augen

Worum geht es?

Fast alle Menschen führen im beruflichen oder persönlichen Alltag sehr häufig Gespräche unter vier Augen. Diese Art der Kommunikation ist sehr wichtig, da Informationen ausgetauscht, direkt über Probleme gesprochen und Mißverständnisse schnell ausgeräumt werden können.

Aber nicht immer sind beide Gesprächspartner gleichgestellt und tauschen ihre Ansichten im offenen Gespräch aus. Klassische Beispiele sind Gehaltsverhandlungen, Vorstellungsgespräche oder Mitarbeitergespräche zur Zielvereinbarung. Besonders bei dieser Art von Gesprächen sollten Sie als Anfragende Person einige Regeln beachten, die Sie schneller ans gewünschte Ziel bringen. Dazu gehört vor allem die gründliche Gesprächsvorbereitung.

Was bringt es?

Eine gründliche Gesprächsvorbereitung hat viele Vorteile:

+ Sie haben das konkrete Gesprächsziel ständig vor Augen.

+ Sie haben die wichtigsten Argumente vor dem Gespräch parat.

+ Sie konzentrieren sich auf das wesentliche und werden kein Opfer von Zufallsdiskussionen.

+ Sie können nicht so schnell überrascht werden und bleiben daher gelassener und überlegener.

+ Sie sind auf mögliche Einwände und Rückfragen vorbereitet.

+ Sie haben alle notwendigen Informationen und Unterlagen parat.

Wie gehe ich vor?

Vorbereitung

Folgende Checkliste können Sie zur Vorbereitung eines Vier-Augen-Gesprächs heranziehen:

☑ Welches Hauptziel will ich erreichen?

☑ Welche Punkte müssen zur Sprache kommen?

☑ Welche Entscheidungen müssen getroffen werden?

☑ Was möchte ich möglichst vermeiden?

☑ Was will mein Gesprächspartner erreichen?

☑ Welche meiner Ziele decken sich mit denen des Gesprächspartners?

☑ Wo liegen mögliche Zielkonflikte?

☑ Welche Informationen fehlen mir noch?

Für schwierige Verhandlungen mit wichtigen Gesprächspartnern (Kunden, Chef etc.) sollten Sie folgende Regeln beherzigen:

☑ Sprechen Sie Ihren Chef für wichtige Fragen nicht zwischen Tür und Angel an. Achten Sie darauf, daß er aktiv zuhören kann (siehe Zuhören).

☑ Legen Sie sich eine Liste mit wesentlichen Argumenten bzw. Erfolgen der letzten Monate an.

☑ Überlegen sie sich Gegenargumente für vermeintliche Einwände.

☑ Beginnen Sie das Gespräch mit einer Frage, z.B. „Wie schätzen Sie die Entwicklung meiner Leistungen ein?".

☑ Lassen Sie nach wichtigen Argumenten keine bedrohlichen Pausen entstehen, sondern sprechen Sie ruhig weiter. Vorsicht: Erzählen Sie nicht mehr, als Ihr Gegenüber wissen will bzw. muß.

☑ Achten Sie auf die nonverbale Kommunikation Ihres Körpers (siehe Kapitel nonverbale Kommunikation).

Transaktionsanalyse

Die von Eric Berne begründete Transaktionsanalyse versucht auf einfache und populärwissenschaftliche Weise, die bei Interaktionen auftretenden psychologischen Aspekte zwischen den Gesprächspartnern zu analysieren. Hierbei wird zwischen drei Zuständen des „Ichs" unterschieden:

1. Das Eltern-Ich: dominant, übergeordnet, spricht Verbote und Gebote aus, gibt Hilfestellungen.
2. Das Erwachsenen-Ich: rational, emotionslos, arbeitet strikt nach dem Schema: Informationen sammeln - Lösungen suchen - bewerten - entscheiden.
3. Das Kind-Ich: emotional, lustbetont, vertrauensvoll aber auch irrational und z.T. unlogisch.

Das Modell stellt insgesamt 72 mögliche Transaktionen zur Bewertung der vorliegenden Situation zur Verfügung. Im folgenden Bild sind drei beispielhaft dargestellt.

Dabei ist der Idealzustand der parallelen Transaktion zweier Erwachsenen-Ichs anzustreben. Nur bei einer derartig gleichwertigen Ausgangslage kann ein produktives und zielorientiertes Gespräch erfolgen. Durch die im

TQM geförderte Eigenverantwortung der Mitarbeiter sowie durch flache Hierarchien wird die Erreichung des Idealzustands unterstützt.

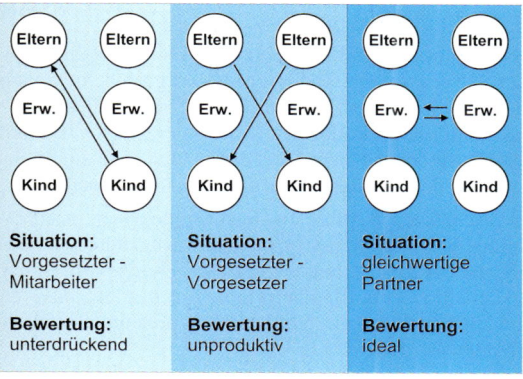

Bild 23: Beispiele für Transaktionen
Quelle: Petzold, H.; Paula, M. (1976)

Technik 4:
Moderation von Besprechungen

Worum geht es?

Besprechungen sind ein Segen und eine Qual zugleich. Auf der einen Seite können notwendige Informationen innerhalb kürzester Zeit zwischen allen Beteiligten ausgetauscht und diskutiert werden. Andererseits verlaufen viele Besprechungen im Sand bzw. enden in einem Streitgespräch oder werden aus Zeitgründen abgebrochen.

Im geschäftlichen Alltag sind Besprechungen als entscheidendes Kommunikationsmittel nicht wegzudenken. Dabei sind die Zielsetzungen der Besprechungen meist unterschiedlich. Grundsätzlich kann zwischen informativen und problemlösungsorientierten Besprechungen unterschieden werden.

Erstere zielen auf den Abbau von Wissendefiziten der Teilnehmer in ganz bestimmten Bereichen ab. Dazu zählen u.a. routinemäßige Abteilungssitzungen, Projektbesprechungen oder auch großangelegte Informationsveranstaltungen, wie z.B. Betriebsversammlungen.

Besprechungen zur Problemlösung benötigen eine noch größere Aufmerksamkeit, da alle Teilnehmer aktiv in die Diskussion mit einbezogen werden müssen. Oftmals ist in der Praxis auch ein Mischtyp der beiden Besprechungsformen anzutreffen.

Gerade die problemlösungsorientierte Besprechung sollte sinnvollerweise durch Werkzeuge und Hilfsmittel der Moderation gesteuert werden. Hierbei ist der Einsatz von Moderationstechniken zu empfehlen. (siehe Pocket Power Moderationstechniken).

Was bringt es?

Unmoderierte und unstrukierte Besprechungen kosten Zeit und Geld. Wie viele Arbeitsstunden könnte man durch strafferer und zielorientierter durchgeführte Besprechungen jeden Monat einsparen? Bewertet man diese Arbeitsstunden mit den entsprechenden Stundenlöhnen der Teilnehmer, so entstehen beachtliche Summen.

Durch gut vorbereitete und moderierte Besprechungen werden die gewünschten Ergebnisse effektiv und zielgerichtet erreicht. Voraussetzung ist hierfür in der Regel die ausreichende Vorbereitung und die Pünktlichkeit der Teilnehmer. Die Diskussions- und Ergebnisqualität wird durch die Moderation erheblich gesteigert.

Wie gehe ich vor?

Vorbereitung

In der Vorbereitungsphase müssen Sie sich vor allem die Frage beantworten: „Ist die Besprechung überhaupt notwendig?" Um die richtige Anwort zu erhalten, müssen Sie sich intensiv mit der Zielstellung auseinandersetzen. Aus der Zielsetzung leitet sich in der Regel auch der oben angesprochene Besprechungstyp ab. Ist die Zielsetzung klar und deutlich formuliert, so stellt sich die Frage nach den Teilnehmern.

Bei Informationsbesprechungen kann der Teilnehmerkreis größer gewählt werden. Ist die Besprechung zur Problemlösung vorgesehen, so sollte die Gruppe nicht mehr als 7 bis 12 Teilnehmer umfassen. Überlegen Sie genau, welche Teilnehmer zur Problemlösung konstruktive Beiträge leisten können. Sind zu viele Personen beteiligt, ist eine

möglicherweise auch nur zeitweise Teilung der Gruppe
anzustreben, da die Produktivität mit zunehmender
Gruppenstärke abnimmt (Bild 24).

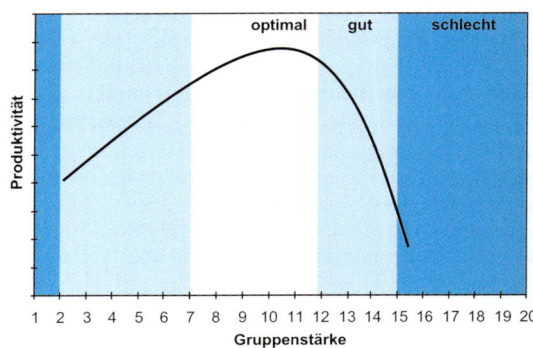

Bild 24: Produktivität und Gruppenstärke

Informieren Sie die Teilnehmer im voraus. Gerade bei
Problemlösungen hängt der Erfolg der Veranstaltung
entscheidend von der Motivation und Vorbereitung der
Teilnehmer ab. Schicken Sie möglichst mit der Einladung
eine Tagesordnung, die neben der Zielsetzung auch einen
detaillierten Zeitplan der Veranstaltung enthält. Nicht zu
vergessen sind natürlich Datum, Zeit, Ort und Teilnehmer.

☞

Die Tagesordnung darf nicht überladen werden. Behandeln Sie lieber weniger Punkte, diese aber intensiv.

Darüber hinaus sind folgende Punkte zu beachten:

☑ Sehen Sie bei längeren Sitzungen nicht mehr als zwei Drittel der gesamten Besprechungszeit für die geplanten Tagesordnungspunkte vor. Planen Sie die übrige Zeit für Pausen und unvorhergesehene Diskussionen ein.

☑ Numerieren Sie die Tagesordnungspunkte (TOP) durch, damit später besser Bezug genommen werden kann.

☑ Bei regelmäßigen Routinebesprechungen sollten Sie feste Tagesordnungspunkte einrichten, die allen Teilnehmern grundsätzlich bekannt sind. So bekommen Ihre Sitzungen einen festen Rahmen und einen strukturierten Verlauf, ohne daß Sie jedesmal eine Tagesordnung verschicken müssen.

☑ Rechtschreib- und Tippfehler in der Tagesordnung machen keinen guten Eindruck!

☑ Vergessen Sie bei der Vorbereitung der Besprechung nicht die Reservierung der notwendigen Räumlichkeiten. Wählen Sie lieber einen zu großen Raum als einen zu kleinen.

☑ Oftmals scheitern Besprechungen an Kleinigkeiten, wie z.B. nicht bereitgestellten Hilfsmitteln (Projektoren, Flip-Charts oder Pinwände).

☑ Achten Sie auch auf ausreichendes Arbeitsmaterial, wie z.B. Kopien, Folien oder Moderationskoffer. Auch an Getränke und Verpflegung ist gegebenenfalls zu denken.

☑ Bereiten Sie eine Teilnehmerliste vor, die später zum Unterschreiben herumgereicht werden kann. Sie sollte

Einträge zu Namen, Funktion, Abteilung bzw. Firma
enthalten.

☑ Seien Sie pünktlich! Zu spätes Erscheinen zeigt nicht,
daß Sie wichtiges zu erledigen hatten, sondern daß Sie
den Einlader und die anderen Teilnehmer für weniger
wichtig halten.

Die Durchführung

Der Moderator hat neben der Vorbereitung der Sitzung in
der Regel folgende Aufgaben:

- ☒ Klarstellung einer einheitlichen Zielsetzung.
- ☒ Motivation und Begeisterung der Teilnehmer.
- ☒ Pünktliche Einhaltung der Termine.
- ☒ Würdigung aller Diskussionsbeiträge.
- ☒ Gleichbehandlung aller Teilnehmer.
- ☒ Beachtung der Zielerreichung.

Um diese Aufgaben zu erfüllen, sollte der Moderator
folgende Fähigkeiten besitzen:

- ☒ Überzeugendes Auftreten.
- ☒ Talent zur Konfliktvermittlung.
- ☒ Rhetorische und psychologische Fähigkeiten.
- ☒ Neutralität.
- ☒ Fähigkeit zum aktivem Zuhören.

Die Teilnehmer der Besprechung sollten

- ☒ vorbereitet,
- ☒ pünktlich und
- ☒ motiviert sein.

Ablauf einer Besprechung

Der Ablauf einer moderierten Besprechung sollte im wesentlichen dem folgenden Schema entsprechen:

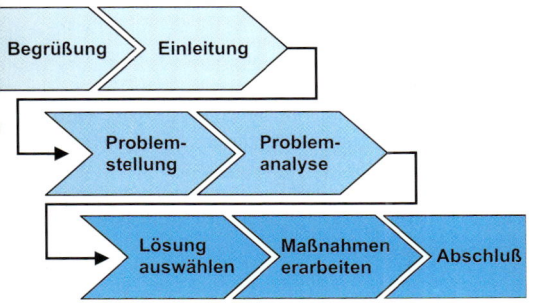

Bild 25: Ablaufschema von Besprechungen

Begrüßung

Begrüßung und u.U. Vorstellung der Teilnehmer, Vorstellen der Tagesordnung, Klärung des Ablaufs (Pausenregelung) usw.

Einleitung

Stellen Sie die Zielsetzung der Besprechung ausführlich dar. Unklarheiten bezüglich der Themenstellung sollten sofort gelöst werden. Die von allen Teilnehmern akzeptierte Zielsetzung sollte jederzeit gut lesbar visualisiert werden (z.B. auf einem Flip-Chart).

Problemstellung

Beginnen Sie die Diskussion zur Problemstellung mit einer Einführungsfrage. Wenden Sie zur Erarbeitung der Problem-

stellung die Brainstormingtechnik an (siehe Pocket Powe_
Qualitätstechniken).

Bsp.: „Welche Aspekte sind bei der Bearbeitung diese_
Themas zu berücksichtigen?"

Problemanalyse

Lassen Sie nun von den Teilnehmern Lösungsvorschläge
sammeln. In einem ersten Schritt sollten die Beiträge nich_
gewertet werden - alle Ideen sind zulässig. Durch die
Anwendung von Qualitätstechniken können effektiv Zusammenhänge, Gesetzmäßigkeiten und Ursache-Wirkungs-
Beziehungen erkannt werden. Daraufhin können Sie verschiedene Lösungsalternativen zusammenstellen.

Lösung auswählen

Die verschiedenen Alternativen müssen diskutiert und
bewertet werden. Nach einem möglichst von der Gruppe
erarbeiteten Bewertungsschema werden die Alternativen
klassifiziert und ausgewählt.

Eine einfache und schnelle Möglichkeit der Alterna-
tivenwahl ist die Punktbewertung, wenn die Alternativen an einer Pinwand visualisiert sind. Die Teilnehmer kleben auf die von ihnen bevorzugte Alternative
einen Punkt. Mit steigender Teilnehmer- und Alterna-
tivenzahl können mehrere Punkte pro Person verteilt
werden.

Maßnahmen erarbeiten

Zur Umsetzung der gewählten Lösung sind konkrete
Maßnahmen zu erarbeiten. Sinnvollerweise ist ein Arbeits-

plan zu erstellen, der Aufgaben, Verantwortlichkeiten und Termine enthält.

Abschluß

Der Moderator sollte die Ergebnisse der Besprechung kurz zusammenfassen, visualisieren und den weiteren Weg aufzeigen. Dazu gehört die Abstimmung eines weiteren Termins bzw. die Überprüfung des erarbeiteten Arbeitsplans.

Am Ende der Sitzung sollten die Teilnehmer dem Moderator eine Rückmeldung über seine eigene Leistung geben. Dabei können folgende Fragen hilfreich sein:

- ☒ Ist das Thema für alle verständlich dargestellt worden?
- ☒ Wurde die Tagesordung richtig vorgestellt und eingehalten?
- ☒ Wurde die Besprechungszeit eingehalten?
- ☒ Hielt sich der Moderator mit seiner eigenen Meinung zurück?
- ☒ Wirkte er freundlich und motivierend?
- ☒ Hat er zur Konfliktlösung beigetragen?
- ☒ Kamen alle Teilnehmer zu Wort?
- ☒ Wurden die Besprechungsziele erreicht?

Sie können Ihre Moderationsleistung überprüfen, indem Sie die Teilnehmer zu Beginn der Sitzung nach ihren Erwartungen fragen. Sie können dies einfach durch eine Kartenabfrage realisieren. Am Ende der Moderation erfolgt ein Abgleich der ursprünglichen Erwartungen mit der späteren Zufriedenheit und gibt Ihnen damit Hinweise auf den Erfolg der Veranstaltung.

Konfliktbewältigung

Die Zusammensetzung der Teilnehmer ist gewöhnlich sehr unterschiedlich. In Diskussionen prallen verschiedene Meinungen und Erfahrungen aufeinander. Konflikte sind unvermeidlich und gewollt, müssen jedoch positiv genutzt werden. Aus der Lösung von Konflikten ergeben sich wieder neue Ideen, die die Gruppe konstruktiv voranbringen können. Lassen Sie Konflikte nie unterschwellig weiter bestehen. Als Moderator haben Sie die Aufgabe, aufkommende Konflikte zu erkennen, an die Oberfläche zu bringen und zu entschärfen. Dafür müssen Sie den Persönlichkeitstypus der Teilnehmer kennen. Hier eine Auflistung der gängigsten Typen und die beste Reaktion darauf:

- ✎ **Typ:** Der Streiter
  Verhalten: Nutzt jede Gelegenheit, um zu provozieren und einen Streit zu beginnen.
- ➢ **Umgang:** Bewahren Sie die Ruhe und lassen Sie die Gruppe seine provozierenden Argumente widerlegen. Lassen Sie sich keinesfalls auf eine langfristige Diskussion ein.
- ✎ **Typ:** Der Schüchterne
  Verhalten: Nimmt nicht an Diskussionen teil und folgt der Meinung der Meinungsführer oder der Mehrheit.
- ➢ **Umgang:** Ermuntern Sie ihn und steigern Sie sein Selbstvertrauen durch leichte Fragen.
- ✎ **Typ:** Der Besserwisser
  Verhalten: Weiß zu jedem Thema etwas aus seinem reichen Erfahrungsschatz hinzuzufügen.

➢ **Umgang:** Bedanken Sie sich für seinen Beitrag und geben sie seine Ausführungen an die Gruppe weiter oder notieren Sie sie zur späteren Bearbeitung.

✎ **Typ:** Der Redselige
Verhalten: Einmal zu Wort gekommen, hört er nicht mehr auf zu reden.

➢ **Umgang:** Unterbrechen Sie ihn taktvoll. Führen Sie z.B. eine generelle Redebegrenzung auf 30 Sekunden oder eine Minute ein.

✎ **Typ:** Der Listige
Verhalten: Versucht Sie durch Fragen hereinzulegen.

➢ **Umgang:** Antworten Sie bedacht oder geben Sie die Fragen an die Gruppe weiter.

Beim Vermitteln von Konflikten muß der Moderator in jedem Fall Neutralität bewahren. Übernehmen Sie nur die Verantwortung für die Konfliktlösung - nicht für die Konfliktinhalte. Trennen Sie emotional diskutierende Gesprächsparteien und nehmen Sie die Argumente beider Seiten für die Gruppe wertfrei auf. Versuchen Sie verbindende Elemente zu finden. Analysieren Sie Ursache und Wirkung und geben Sie die Ergebnisse an die Diskussionsparteien zurück. Ist die Diskussion auf die sachliche Ebene zurückgekehrt, sollten Sie Ihre Verantwortung wieder abgeben und sich zurückziehen.

☞

Moderieren Sie eine Gruppe, in der ein Chef alle Teilnehmer in ihrer Entscheidung beeinflußt, wenden Sie die Punktbewertung an. Alle Teilnehmer sollen dabei gleichzeitig aufstehen und ihren Klebepunkt auf eine entsprechende Alternative setzen. Damit nicht alle dem

Chef nacheifern, können Sie sich vor den Chef stellen und darauf achten, daß dieser erst zum Schluß klebt.

Nachbereitung

Eine Besprechung ohne Protokoll verkommt leicht zum „netten Teetrinken". Die beschlossenen Maßnahmen werden schnell wieder vergessen und Mißverständnisse können nicht transparent gemacht werden. Ein Protokoll - wenn es auch noch so kurz ist - gehört zu jeder effektiven Besprechung dazu. Es dient auch zur Vorbereitung auf die nächste Sitzung und kann langfristig einen interessanten Abriß über Projektverläufe liefern.

Als Moderator können Sie anhand der visualisierten Diskussionsergebnisse nachträglich selbst ein Protokoll erstellen. Es empfiehlt sich jedoch, vorher einen Protokollanten auszuwählen, der sorgfältig die Besprechung verfolgt und Wichtiges von Unwichtigem zu trennen vermag. Ein gutes Protokoll stellt kurz, klar und übersichtlich die Ergebnisse der gesamten Besprechung dar.

Zusammenfassung

- ☑ Definieren Sie das Thema bzw. die Zielsetzung für alle verständlich und einheitlich.
- ☑ Lassen Sie die Teilnehmer die Thematik nicht zerreden.
- ☑ Halten Sie die Zeit ein.
- ☑ Werten Sie keine Einwände ab und weisen Sie keine Zwischenfragen zurück.
- ☑ Fühlen Sie sich nicht persönlich angegriffen.
- ☑ Lassen Sie Konflikte offen ausgetragen.
- ☑ Suchen Sie nie nach Schuldigen, sondern nach Ursachen

Technik 5: Aktives Zuhören

Worum geht es?

Zur Kommunikation gehören mindestens zwei Partner. Zwar liegt das Hauptaugenmerk auf dem aktiven Rednerpart, jedoch muß auch das Zuhören aktiv gestaltet werden. Dabei heißt Zuhören keinesfalls nur Hören. Ein guter Zuhörer bewertet und verarbeitet des Gehörte, um aktiv auf den Gesprächspartner eingehen zu können.

Was bringt es?

Mißverständnisse kommen durch Kommunikationsstörungen zwischen Redner und Zuhörer zustande. Zwar gilt im allgemeinen die Regel, daß Mißverständnisse zu Lasten des Redners gehen, der Zuhörer kann jedoch aktiv zur besseren Kommunikation beitragen.

Die Auswirkungen schlechten Zuhörens sind verheerend. Viele Geschäfte kommen nicht zustande, da von beiden Seiten schlecht zugehört wurde. Konferenzen und Besprechungen enden ohne das gewünschte Ergebnis, da oftmals nicht richtig zugehört wurde. Überschlagen Sie einmal, wieviel Zeit und Geld bei Ihnen in Sitzungen investiert wird, wo die Beteiligten schlecht zuhören oder gar nicht zuhören wollen.

Durch aufmerksames Zuhören können Sie angespannte Situationen entschärfen. Statt emotional zu reagieren, können die Argumente der anderen Partei in Ruhe angehört und erwidert werden. So können Sie eventuelle Behauptungen, Vermutungen oder Verleumdungen leichter entkräften.

Wie gehe ich vor?

Gutes Zuhören will gelernt sein. Diese Fähigkeit ist manchmal so wichtig wie eine Rede halten zu können. Sorgen Sie in einem Gespräch immer dafür, daß ein Gleichgewicht zwischen Redner und Zuhörer entsteht. Beide Seiten sollten jederzeit in der Lage sein, ihre Argumente vorzubringen.

Ermuntern Sie als Zuhörer den Redner z.B. mit folgenden Formulierungen, um ihm Ihr Interesse zu zeigen:

- ☒ Ja, ich verstehe.
- ☒ Sehr interessant dieses Argument.
- ☒ Das hätte ich nicht gedacht.
- ☒ Erzählen Sie weiter.
- ☒ Sehr erstaunlich.

> Merke: Wer nichts sagt, hört noch lange nicht aufmerksam zu.

Sind Sie Teilnehmer einer Konferenz oder einer Besprechung, so empfiehlt es sich, beim Zuhören Notizen zu machen. Wenn Sie die wesentlichen Kerngedanken mitschreiben wollen, müssen Sie aufmerksam zuhören.

> Wer viel redet, sagt viel - Wer viel zuhört, gewinnt viel.

Technik 6: Rhetorik am Telefon

Worum geht es?

Am Telefon sprechen wir oft mit vollständig unbekannten Gesprächspartnern. Hinzu kommt, daß wir auf die gesamte nonverbale Kommunikation verzichten müssen und nur durch die Stimme eine Brücke zum Gegenüber schlagen können. Viele Menschen sind daher bei Telefongesprächen besonders verunsichert. Dieser Tatsache läßt sich bei Beachtung der Besonderheiten des Telefongesprächs entgegenwirken.

Was bringt es?

Die Bedeutung des Telefons sowohl im Geschäfts- als auch im Privatleben nimmt ständig zu. Viele Dienstleistungen sind von zu Hause aus per Telefon zu bestellen bzw. durchzuführen.

+ individueller, direkter Kontakt
+ schnell
+ flexible und bedarfsgerechte
  Reaktion möglich
+ Kommunikation über weite
  Entfernungen hinweg

- schlecht zu dokumentieren
- keine Vervielfältigung
- fehlende nonverbalen Signale
- hohe Anforderung an soziale
  und fachliche Kompetenz

Bild 26: Vorteile und Probleme des Telefonierens

Dies sind z.B. Pizzadienste, Telefonbanking oder Versandhäuser. Das Telefon bietet auch entfernt wohnenden Geschäftspartnern die Möglichkeit, Kontakte zu halten und auszubauen.

Trotz des steigenden Bedarfs an Telefonkontakten werden von Unternehmen häufig schlecht ausgebildete Kräfte mit dem Telefondienst betraut. Dies ist vielfach in Hotels, Kundendienstabteilungen oder auch in sogenannten Call-Centers zu beobachten (siehe Pocket Power Management von Kundenbeziehungen).

Wie gehe ich vor?

Die folgende Checkliste enthält die wichtigsten Merkmale für das richtige Telefonieren.

Stimme

Sprechen Sie klar und deutlich und genau artikuliert. Achten Sie darauf, daß Sie nicht zu schnell, aber auch nicht all zu langsam sprechen. Geben Sie Ihrer Stimme einen melodischen Klang, der Freundlichkeit ausstrahlt.

Zuhören

Üben Sie sich im aktiven Zuhören (siehe Aktives Zuhören). Dazu gehört, den Gesprächspartner ausreden zu lassen, aber dennoch Zwischenbemerkungen, wie z.B. „Hm, ja, aha", zu machen. Diese Bestätigungen geben Ihrem Gegenüber Sicherheit.

Notieren

Notieren Sie sich grundsätzlich die wichtigsten Inhalte des Gesprächs. Hierzu sollten Sie immer Zettel und Stift parat haben. Merken Sie sich vor allem den Namen des Anrufers und sprechen Sie ihn im weiteren Verlauf damit an. Notieren Sie sich neben dem Grund des Telefonats auch die Telefonnummer für eventuelle Rückrufe.

Vorbereitung

Vor einem Anruf sollten Sie sich Antworten zu folgenden Fragen überlegen:

- ☒   Wen will ich anrufen?
- ☒   Was will ich erreichen?
- ☒   Welche Unterlagen benötige ich?
- ☒   Welche Argumente benötige ich?
- ☒   Welche Einwände könnten kommen?
- ☒   Wie könnte ich diese widerlegen?
- ☒   Wann rufe ich am besten an?

Technik 7:
Innovative Kommunikationsformen

Bedingt durch die rasante technische Entwicklung haben sich die Möglichkeiten im Bereich Kommunikation drastisch verändert. Menschen können überall auf der Welt schnell und problemlos miteinander kommunizieren. Im Folgenden werden einige Beispiele für neue Formen der Kommunikation aufgeführt. Hier ist insbesondere zwischen Offline- und Online-Formen zu unterscheiden. Während Offline-Anwendungen auf einer ausschließlichen Bereitstellung von Informationen für den Anwender beruhen, kann bei Online-Anwendungen zusätzlich eine direkte Kommunikation stattfinden.

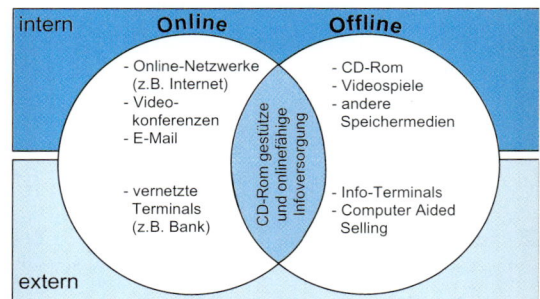

Bild 27: Formen interaktiver Kommunikation

Wegen der aktuellen Bedeutung der internen Online-Anwendungen werden im folgenden diese schwerpunktmäßig näher ausgeführt.

Multimediale Anwendungen

Worum geht es ?

Mit dem Begriff Multimedia wird die Verknüpfung verschiedener Medienarten (Text, Grafik, Video, Audio) umschrieben. Moderne Computer-Anwendungen, aber auch zunehmend Geräte aus dem Alltagsgebrauch (z.B. Fernbedingungen) arbeiten heute nach dem multimedialen Prinzip.

Was bringt es ?

+   Interessante und anschauliche Gestaltung der Informationen ist möglich.

+   Durch Kombination visueller und auditiver Medien wird größeres Verständnis und höhere Gedächtnisleistung erzielt.

+   Verbindung von Informationen und Unterhaltung ist leicht umzusetzen.

Wie gehe ich vor ?

☑   Verbindung einzelner Medien anwendergerecht gestalten.

☑   hoher Speicherbedarf verlangt nach modernen Speichermedien (CD-ROM, Mini-Disc, Serversystem etc.).

☑   Anwender muß Informationsaufnahme nach seinen eigenen Bedürfnissen gestalten können (weiterführende Informationen oder Ton als Optionen).

Online-Netzwerke (Internet)

Worum geht es ?

Bei Online-Netzwerken werden eine Vielzahl von Computern über Telefon- oder Datenleitungen miteinander verbunden. Um in ein solches Netzwerk zu gelangen, wählt man sich in einen nahegelegenen Großcomputer ein (Server), der wiederum den Kontakt zu anderen Servern herstellt. Spezielle Dienstleister, sogenannte Provider, stellen diese Server zur Verfügung und ermöglichen dem Anwender durch ein Paßwort damit den Zugang zum Netzwerk.

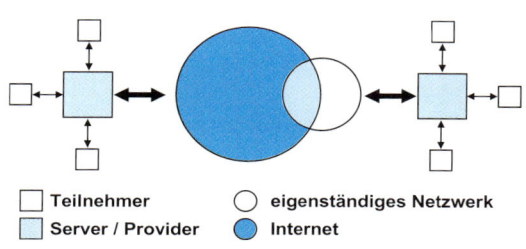

☐ Teilnehmer ○ eigenständiges Netzwerk
☐ Server / Provider ● Internet

Bild 28: Zugang zum Internet

Mit geschätzten weltweit 56 Millionen Teilnehmern und einer erwarteten Benutzerzahl von über 250 Millionen im Jahre 2000 stellt das Internet das zu diesem Zeitpunkt bedeutendste Online-Netzwerk dar. Die weiteren in Deutschland verfügbaren Online-Dienste, wie z.B. Compuserve, AOL und T-Online sind meist mit einer Verbindung zum Internet ausgestattet.

Was bringt es ?

+ Umfassende Informationsaufnahme wird nach eigenen Wünschen gestaltet.

+ Weltweite Verfügbarkeit aktueller Daten rund um die Uhr (Real Time Fähigkeit).

+ Zusammenfassung klassischer Kommunikationsmittel wie Brief, Gespräch, Dokumentation, Video, Audio, und Datenbanken.

Wie gehe ich vor ?

☑ Computer sollte einen ausreichend schnellen Prozessor (≥133 MHz) und ausreichenden Arbeitsspeicher (≥16MB) aufweisen.

☑ Beim Modem zur Verbindung des Computers mit dem Telefonnetz sind heute Übertragungsraten von 33600 bps (Bit per second) Standard.

☑ Auswahl des Providers u.a. nach folgenden Kriterien durchführen:

   ☒ Internet-Provider oder eigenständiges Online-Dienst mit zusätzlichen Service-Angeboten und Internet Verbindung (z.B. T-Online).

   ☒ Monatliche Grund- und Zusatzkosten pro Zeiteinheit (hängt von Ihrer durchschnittlichen Verweildauer und -frequenz ab).

   ☒ Schnelligkeit der Datenübertragung und Erreichbarkeit.

☑ Software für Navigation durch das Netzwerk (Browser) und Informationssuche (Suchmaschinen) werden meist kostenlos angeboten.

E-Mail

Worum geht es ?

Electronic-Mail (E-Mail) ist ein System zum Austausch von Briefen und Dokumenten via Internet. Durch spezielle Software ist es möglich, Briefe oder Nachrichten zu empfangen und zu senden. Voraussetzung dafür ist eine vom Provider vergebene und weltweit einmalige Adresse. Diese weist immer die folgende Form auf:

Teilnehmername@Servername.Endung

wobei die Endung entweder Auskunft über das Land (z.B. de für Deutschland) oder die Teilnehmergruppe (z.B. edu für Education) gibt.

Was bringt es ?

+ Schnelle und günstige Kommunikationsform.

+ Übertragung von Filmen, Tönen, Grafiken etc.

+ Unkomplizierte Verwendung.

+ Auch für innerbetriebliche Kommunikation geeignet.

Wie gehe ich vor ?

☑ Bei Provider E-Mail Adresse beantragen.

☑ Software zur Erstellung, Versendung, Archivierung und Empfang von E-Mail erwerben.

☑ fehlende Adressen durch spezielle Suchmaschinen im Internet finden (z.B. http://www.suchen.de/).

☑ Schutzprogramm gegen Wurfpostsendungen (Junk-Mail) (z.B. http://spam.abuse.net/) und ggf. zusätzliche Dienste (z.B. http://www.bigfoot.de u.a. für lebenslange E-Mail-Adresse) besorgen.

Videokonferenzen

Worum geht es ?

Videokonferenzen ermöglichen mehreren Teilnehmern eine Telefonkonferenz über weite Entfernungen hinweg. Durch spezielle Videokameras können sich die Personen sehen bzw. erhalten dieselben visuellen Informationen (z.B. Grafiken). Zeitgleich ist eine Anpassung des vorliegenden Datenmaterials möglich, so daß alle Teilnehmer auf das gleiche Datenmaterial zurückgreifen können. Selbst an abgelegenen Orten kann durch das weltumspannende Satellitensystem Inmarsat eine solche Konferenz empfangen werden.

Was bringt es ?

+ Erspart Reisen und damit verbundene Zeitverluste und Kosten.

+ Ermöglicht bzw. vereinfacht Telearbeit.

+ Verbessert Kommunikation aufgrund visueller Möglichkeiten und kompatibler Datenbestände.

Wie gehe ich vor ?

☑ Hardware (Videokamera etc.) und Software müssen bei allen Teilnehmern aufeinander abgestimmt werden.

☑ Zeitverzögerte Darstellung bedarf Gewöhnung.

☑ Darstellungsqualität und Geschwindigkeit noch eingeschränkt.

Videokonferenzen verzichten jedoch auf den wichtigen direkten zwischenmenschlichen Kontakt.

WEITERFÜHRENDE LITERATUR

Asgodom, S.: Reden ist Gold, ECON, 1997.

Ebeling, P.: Rhetorik - der Weg zum Erfolg, Humboldt Verlag, 1997.

Molcho, S.: Körpersprache, Goldmann, 1996.

Petzold, H.; Paula, M.: Transaktionale Analyse und Skriptanalyse, 1976.

Schneider, W.: Deutsch fürs Leben, Rowohlt, 1995.

Thomas, J.: Rhetorik für Manager, Carl Hanser Verlag, 1997.

Barenberg, A.: Die überzeugende Präsentation, Humboldt Taschenbuchverlag Jacobi, 1994.

Scheler, U.: Vortragsfolien und Präsentationsmaterialien, Ueberreuter Verlag, 1996.

Thiele, A.: Mit neuen Techniken wirkungsvoll präsentieren, Verlag Moderne Industrie, 1991.

Dittrich, H.: Erfolgsgeheimnis Visualisierung, WRS Verlag, 1993.

Müller-Schwarz, U.; Weyer, B.: Präsentationstechnik, Gabler 1991.

Witschaftspädagogisches Institut (WPI) Hannover (Hrsg.): Seminarunterlagen zu den Themen Präsentationen und Visualisierung von Zahlen, Hannover, 1993.

A.-K.Tomys
**Kostenorientiertes
Qualitätsmanagement**
<u>Qualitätscontrolling zur ständigen Verbesserung der Unternehmensprozesse.</u> 195 Seiten, 29 Bilder, 6 Tabellen. 1995. Gebunden.
ISBN 3-446-18200-4

Die ständige Verbesserung der Prozesse des Unternehmens ist ein Ziel des Managementkonzeptes „Total Quality Management". Hierzu werden Kennzahlen benötigt, die das Qualitätscontrolling als wirtschaftliche Disziplin des Qualitätsmanagements anbieten kann, indem die Prozesse des Unternehmens hinsichtlich ihrer Effizienz hinterfragt werden.

Sind die Prozesse mit Kennzahlen beschrieben und die Schwachstellen bekannt, werden zur ständigen Verbesserung entsprechende Maßnahmen abgeleitet. Praxisnah wird das kostenorientierte Qualitätsmanagement als Vorgehensweise des Qualitätscontrolling in diesem Buch beschrieben.

Carl Hanser Verlag

Postfach 86 04 20, 81631 München
Tel. (0 89) 9 98 30-0, Fax (0 89) 98 12 64

H.D. Seghezzi
**Integriertes
Qualitätsmanagement**
<u>Das St.Galler Konzept</u>. 318 Seiten, 186 Bilder. 1996. Gebunden. ISBN 3-446-16341-7

Für Führungskräfte aller Branchen und Fachrichtungen wurde Qualitätsmanagement in den letzten Jahren immer bedeutender: Die Konzepte und Systeme von ISO 9000 und TQM, die zunehmende Werbewirksamkeit von Qualitätsauszeichnungen und nicht zuletzt der Wettbewerbsvorteil durch Qualität bewirkten, daß Qualitätsmanagement nicht mehr nur ein Thema von Fachleuten ist.

Das „Integrierte Qualitätsmanagement" bietet eine ganzheitliche Sicht auf betriebswirtschaftlicher Grundlage. Das bewährte und richtungweisende St. Galler Konzept erlaubt die Einbindung bestehender Vorgehensweisen und Modelle, aber auch die Entwicklung unternehmensspezifischer Möglichkeiten.

Studierende erhalten eine fundierte Einführung, Praktikern in der Wirtschaft bietet das Buch zahlreiche Beispiele für die Umsetzung im eigenen Unternehmen.

Carl Hanser Verlag

Postfach 86 04 20, 81631 München
Tel. (0 89) 9 98 30-0, Fax (0 89) 98 12 64

H. Kellner
**Konferenzen
Sitzungen
Workshops
effizient gestalten**
nicht nur zusammensitzen.
251 Seiten, 100 Bilder. 1995.
Gebunden.
ISBN 3-446-17980-1

Überall im Land finden Konferenzen, Sitzungen und Workshops statt, die sich durch eine große Zahl von mehr oder minder tief schlafenden Teilnehmern auszeichnen. Dabei hat es jeder, der eine solche Veranstaltung zu organisieren hat, selbst in der Hand, sich vor diesem Mißerfolg zu bewahren.

Die Autorin greift hier tief in die Trickkiste. Durch die Darstellung gravierender Fehler führt sie den Leser an die Lösung des Problems heran. Dabei kommt ihr die Realität zu Hilfe. Denn die beschriebenen Situationen hat jeder bereits erlebt.

Mit lebens- und praxisnahen Tips bietet das Buch ein Handwerkzeug für die tägliche Arbeit. Die richtige Organisation und Vorbereitung ist das eine, die Umsetzung mit den Teilnehmern und deren individuellem Verhalten das andere. Beides berücksichtigt Hedwig Kellner.

Carl Hanser Verlag

Postfach 86 04 20, 81631 München
Tel. (0 89) 9 98 30-0, Fax (0 89) 98 12 64